日本商工会議所
全国商工会連合会 検定

新出題範囲に完全対応

販売士

リテールマーケティング検定

清水敏行
佐藤浩史
中谷義浩 ［共著］
土居寛二

3級

問題集
【第4版】

税務経理協会

は じ め に

　販売士試験制度は，昭和48年度に創設以来40年以上経過しており，現代のさまざまな経営環境の変化に対応した内容にするために，試験制度が改定されました。

　販売士制度は，当初小売業を中心とした流通業界の人材の能力開発をはかることを目的としておりましたが，今ではメーカーやサービス業など各業界，販売職や営業職などの各職種，また大学などの学生の教育など，幅広く販売士の学習内容が支持されています。

　平成17年度の試験制度の改定により，各科目体系や内容が一新され，「小売業の類型」「マーチャンダイジング」「ストアオペレーション」「マーケティング」「販売・経営管理」という5科目で，3級〜1級までの科目名称が統一され，それぞれのレベルも，3級は基礎科目（販売技術力の習得），2級は応用科目（販売管理能力の習得），1級は発展科目（経営管理能力の習得）となりました。

　平成24年度から，一部試験制度が改定になり，試験時間が短縮され問題数も削減されました。またハンドブックについても6年ぶりに改訂され，内容が更新されました。

　平成27年度から名称がリテールマーケティング（販売士）検定試験となり，平成28年度にはハンドブックが4年ぶりに改訂され，内容が更新されました。

　令和元年度からハンドブックが3年ぶりに改訂となり，インバウンドなど新しい分野が加わり，内容が更新されました。

　本書は今回の改訂版に対応しており，検定試験の合格を目指す方々のために，新しく作成された問題集であり，ステップアップ学習により，合格レベルが養成される内容となっております。

(1)　第一段階として，「販売士3級テキスト」書籍を学習し，各科目の基礎知識の内容を習得します。

1

(2) 第二段階として，本書のキーワード補充問題を学習し，重要キーワードや重点ポイントを把握します。

(3) 第三段階として，本書の本試験形式問題を学習し，検定試験合格レベルの実力を養成します。特に不明部分や誤答部分については，解答・解説の内容を確認し，テキストに戻って内容を理解します。

以上のような(1)～(3)までの段階的学習を繰り返すことが，検定試験合格の必須条件です。

是非多くの学習者の方々が，この問題集を活用し，販売士試験に合格され，そして販売士としてご活躍されることを願っております。

最後に，本書の刊行にあたり終始助言し支援して下さった税務経理協会の鈴木利美氏に，心より厚く御礼申し上げます。

2019年11月吉日

共　著　者

Contents

はじめに

1　小売業の類型

2 マーチャンダイジング

3　ストア・オペレーション

4　マーケティング

5　販売・経営管理

1

小売業の類型

第1章

流通における小売業の基本

➤重要キーワード補充問題

▌*1* 小売業とは何か

（解答☞p. 4）

⑴ （　①　）では，年間販売額の（　②　）以上が最終消費者に対する販売
であれば小売業としている。

⑵ 小売業は，「メーカー→卸売業→小売業→消費者」という流通機構の（
①　）に位置しており，直接的に（　②　）を販売対象とする。

⑶ 小売業は，メーカーに代わって消費者への「（　①　）」をしていると同時
に，消費者に代わって「（　②　）」もしている。

⑷ 小売業は，（　①　）をつかみやすい位置にいるため，（　②　）などに
よって，自店の販売データから消費者の購買ニーズを把握しやすい。

⑸ メーカーと小売業が共同して（　①　）に役立てることが多くあり，小売
業は消費者ニーズをメーカーに（　②　）役割を担っている。

▌*2* 中小小売業の現状と役割

（解答☞p. 4）

⑴ （　①　）では，中小企業者を資本の額と従業員数で定義している。小売
業に関しては，「資本規模5,000万円以下，並びに従業員規模（　②　）人以
下」と定義している。

⑵ 夫婦やその家族などで構成される家族経営の零細小売業は，（　①　）と
呼ばれる。

(3)　中小小売業は，依然として厳しい経営環境下におかれている。こうした状況の下，ヒト・モノ・カネ・（　①　）といった（　②　）の脆弱な中小小売業が経営基盤を強化し，活力を取り戻すため，もしくは新規に事業を立ち上げるための方法として，フランチャイズチェーンや（　③　）などのチェーン組織に加盟するという方向性が考えられる。

解 答 重要キーワード補充問題

1 小売業とは何か

(1)①商業統計調査 　②半分 　(2)①最終段階 　②一般消費者

(3)①販売代理 　②購買代理 　(4)①消費者ニーズ 　②POSデータ

(5)①商品開発 　②伝える

2 中小小売業の現状と役割

(1)①中小企業基本法 　②50 　(2)①パパママストア

(3)①情報 　②経営資源 　③ボランタリーチェーン

第1章

流通における小売業の基本
本試験形式問題◀

第1問 次の文章は，小売業の定義について述べている。文中の〔　〕の部分に，下記に示すア～オのそれぞれの語群から最も適当なものを選んで，解答欄にその番号を記入しなさい。

　小売業は，「メーカー → 〔　ア　〕 → 小売業 → 消費者」という〔　イ　〕の最終段階に位置し，〔　ウ　〕に位置するアとは活動領域が異なる。商業統計調査では，年間販売額の〔　エ　〕以上が〔　オ　〕に対する販売であれば，小売業としている。

【語　群】
ア〔1．物流業者　2．商社　3．倉庫　4．卸売業〕
イ〔1．サービス体制　2．売買機構　3．流通機構　4．物流機構〕
ウ〔1．迂回段階　2．二次段階　3．中間段階　4．3次段階〕
エ〔1．7割　2．半分　3．8割　4．6割〕
オ〔1．最終消費者　2．主婦　3．国内　4．ユーザー〕

解答欄	ア	イ	ウ	エ	オ

1 小売業の類型

第2問　次の文章は，小売業の定義について述べている。文中の〔　　〕の部分に，下記に示すア～オのそれぞれの語群から最も適当なものを選んで，解答欄にその番号を記入しなさい。

　商業統計調査では，主として，次の業務を行う事業所を小売業としている。
・　個人または〔　ア　〕のために商品を販売する事業所
・　商品を販売し，かつ，同種商品の〔　イ　〕を行う事業所
・　製造小売（自店で製造した商品をその場所で個人または**ア**に販売する）事業所
・　主として，個人または家庭用消費者に〔　ウ　〕を行う事業所
・　〔　エ　〕
・　〔　オ　〕に少量または少額で商品を販売する事業所

【語　群】

ア〔1．家庭用消費者　2．産業用使用者　3．行政機関　4．医療機関〕

イ〔1．梱包　2．販売促進　3．修理　4．配送〕

ウ〔1．委託販売　2．情報提供　3．無店舗販売　4．卸売〕

エ〔1．ガソリンスタンド　2．ファミリーレストラン　3．ホテル
　　4．病院〕

オ〔1．家庭用消費者　　2．産業用使用者　　3．排他的　　4．専門的〕

解答欄	ア	イ	ウ	エ	オ

第3問 次のア～オは、小売業の役割について述べている。正しいものには1を、誤っているものには2を、解答欄に記入しなさい。

ア 小売業が取り扱う商品は、通常有形の消費財であるが、商品の販売に付随する無形のサービスも含まれる。

イ 購買代理とは、小売業が消費者に代わって、メーカーや卸売業から商品を調達することである。

ウ メーカーや卸売業は、消費者ニーズをつかむことができない環境にある。

エ POSデータとは、POSシステムから得られる単品レベルでの販売数量や金額などの販売動向データのことである。

オ 小売業は、自店の保有する販売データを提供することにより、消費者ニーズをメーカーに伝える役割を担っている。

解答欄	ア	イ	ウ	エ	オ

第4問 次の文章は、中小小売業の定義・現状について述べている。文中の〔 〕の部分に、下記に示すア～オのそれぞれの語群から最も適当なものを選んで、解答欄にその番号を記入しなさい。

中小企業基本法では、小売業を「資本規模〔 ア 〕円以下ならびに従業員規模〔 イ 〕人以下」と定義している。

商業統計調査によれば、全国の小売業の事業所の約〔 ウ 〕割以上が中小規模の事業所によって構成されている。

景気低迷に伴う消費不振、価格の低下など、中小小売業は依然として厳しい

1 小売業の類型

経営環境下におかれている。こうした状況の下，経営資源の脆弱な中小小売業が〔 エ 〕を強化するための一つの方法として，フランチャイズチェーンやボランタリーチェーンなどの〔 オ 〕に加盟するという方向性が考えられる。

【語　群】

ア〔1．3,000万　2．5,000万　3．1億　4．3億〕

イ〔1．50　2．100　3．200　4．300〕

ウ〔1．2　2．4　3．6　4．9〕

エ〔1．情報収集　2．サプライヤー　3．POSシステム　4．経営基盤〕

オ〔1．チェーン組織　2．COOP　3．機能別組織　4．事業部制組織〕

解答欄	ア	イ	ウ	エ	オ

解答・解説　本試験形式問題

第1問

【4-3-3-2-1】

　流通機構における卸売業との比較による小売業の位置づけについても，理解することが必要である。

第2問

【1-3-3-1-2】

　商業統計調査による小売業の定義についても，把握することが必要である。

第3問

【1-1-2-1-1】

　小売業の役割について理解することが必要である。特に，販売代理と購買代理については，それぞれの意味を理解することが必要である。ウは，メーカーにおいても，市場調査によって消費者ニーズをつかむことができる。

第4問

【2-1-4-4-1】

　中小企業法では，中小企業者を資本の額と従業員数で定義している。

　全国の小売業の事業所の約97.4％を中小小売業が占めている。これら中小小売業の経営基盤を強化し，活力を取り戻すため，もしくは新規事業を立ち上げるための方法として，フランチャイズチェーンやボランタリーチェーンなどのチェーン組織に加盟するという方向性が考えられる。

```
┌─────────────────────────────────┐
│ ┌──────┐                         │
│ │第2章 │                         │
│ └──────┘                         │
│   組織形態別小売業の基本          │
│      ➤重要キーワード補充問題      │
│                                  │
└─────────────────────────────────┘
```

█ **1** 組織小売業の種類と特徴　　(解答☞p. 18)

(1) 組織小売業とは,「複数の店舗が同じ（　①　）の看板を掲げ, 仕入や
　（　②　）などにおいて, 共通の基盤を活用して事業展開する方式」と定義
　できる。

(2) その特徴は, 同業種, 同営業形態の単独店が（　①　）に共同することで
　（　②　）を発揮し, 経営の能率化と合理化を達成しようとすることにある。

(3) 組織小売業の特徴の要点は, 中央所有,（　①　）管理,（　②　）の類似
　性になる。

(4) ボランタリーチェーンは, 中小規模の（　①　）小売業が自主的に参加で
　きる緩やかな組織形態である。自己の（　②　）を優先しながら共通の弱点
　を補完しようとする組織体である。

(5) 小売主宰のボランタリーチェーンは,（　①　）といわれ, 複数の独立系
　小売店が, 自店の継続的な繁栄のために, 同じ目的を持つ仲間と組織化した
　（　②　）のことである。

(6) 卸主宰のボランタリーチェーンは,（　①　）といわれ, 卸売業などが
　（　②　）を担う共同体である。卸売業が主導して従来からの販売先小売店
　を組織するものである。

(7) ボランタリーチェーンの契約は組織への参加であり, 加盟店同士の（
　①　）のつながりを持ち, 相互に（　②　）しあう体制に特徴がある。

(8)　ボランタリーチェーン本部への（　①　）は，店舗は構成員であり，戦略決定に主体的に関与できるが，本部に決定の権限を委譲する形になっている。

(9)　ボランタリーチェーン本部利益の配分は，本部は参加店舗の（　①　）代行機関であり，加盟店は本部利益からの持続的投資による（　②　）を受ける権利がある。

(10)　加盟店は，（　①　）のメリットを得て，同じ看板のもとで販売するため，各店は統一した（　②　）戦略をとる。売り方，品ぞろえなどの制約がある。

(11)　加盟店は（　①　）に専念し，マネジメント部分を本部に任せることが原則である。基本的に（　②　）決定は本部の専管事項であり，加盟店は従わなければならない。

(12)　本部は加盟店の（　①　）機関として，メーカーや卸売業などの納品先企業に対応する。共同仕入による（　②　）と効率化のために，仕入を一本化する。

(13)　ボランタリーチェーンの本部は，積極的に加盟店の拡大に努力し，（　①　）を得るように努めなければならない。

(14)　ボランタリーチェーンの本部は，各加盟店から寄せられる生の声を集中的に管理・分析し，各店舗の状況に応じて，（　①　）を加工し，指導を通じて加盟店に（　②　）する役割を担っている。

(15)　ボランタリーチェーン本部は，加盟店の（　①　）を把握し，各店舗の業績と経営環境を踏まえて戦略の方向づけを行い，的確な（　②　）を実施する。

(16)　フランチャイズとは，ある企業が（　①　）のない他の事業者に対し，店舗ブランド名や経営ノウハウなどを提供する見返りに，（　②　）を受け取る契約関係をさす。

(17)　フランチャイズチェーンの加盟店のメリットは，消費者に信頼される（　①　）が使えること，販売する品目やサービス内容についてのFC本部企業の（　②　）を活用できること，経営上の（　③　）が少ないことなどがある。

11

⒅　フランチャイズチェーン本部のメリットは，少ない投資で急速な（　①　）が可能であること，確実なロイヤルティ収入があること，多数の加盟店からの（　②　）ができることなどがある。

⒆　フランチャイズチェーンの組織構成の特徴は，加盟店間に横のつながりがないこと，FC本部利益と加盟店利益は基本的に（　①　）していること，FC本部企業が（　②　）であることなどがある。

⒇　フランチャイズビジネスを運営する企業のことを（　①　）といい，一方特権を与えられる者を（　②　）という。

(21)　レギュラーチェーンは，チェーンストアの中で，本部と店舗が（　①　）のもとで同じ（　②　）に属しているスタイルをいう。

(22)　レギュラーチェーンの基本的な考え方は，（　①　）の重複を避けながら複数の店舗を設け，仕入機能のみ一体の企業としてメーカーなどの仕入先企業と折衝し，（　②　）を可能とすることである。

■**2** チェーンストアの基本的役割 （解答☞p. 18）

⑴　チェーンストアは，「（　①　）で11店以上の店舗を直接，経営管理する小売業または飲食業の形態」である。店舗を統一的に管理・運営する（　②　）と，管理される店舗から構成されている。

⑵　チェーンストアは，各店舗の（　①　）の低減と大量販売方式によって，総合（　②　）の創造や市場開拓を目標としている。

⑶　（　①　）な売場面積の店舗を広範囲に多数出店し，（　②　）の多さで市場の占拠率を確保する。

⑷　（　①　）な売場面積の店舗を一定のエリア内で集中的に出店し，（　②　）の多さで市場の占拠率を確保する。

⑸　（　①　）ごとに専門化した店舗を出店し，（　②　）内の同一商品カテゴリー市場において圧倒的な占拠率を確保する。

⑹　チェーンストアの役割は，消費者に対して安価での商品供給という（

①　）を提供している。また，メーカーに対しては，多店舗化による（

②　）を発揮することで，仕入原価の引下げや開発商品の要請などのさまざ

まな（　③　）を実現している。

(7)　資本形態による類型には，単一資本によるコーポレートチェーン，（

①　）によるボランタリーチェーン，契約による独立資本によるフランチャ

イズチェーン，消費者の共同出資による（　②　）チェーンがある。

(8)　商圏規模による類型には，全国チェーンである（　①　）チェーン，広域

チェーンである（　②　）チェーン，地域チェーンであるローカルチェーン

がある。

(9)　チェーンストアの特徴は，（　①　）の機能をフルに発揮する大規模小売

業としての性格がある。

(10)　運営上の特徴として，1）本部主導型による店舗運営のコントロール，

2）セルフサービスを主体とした（　①　）された売場づくりと画一的な店

舗運営，3）店舗の作業を標準化・効率化するための（　②　）の活用，

4）仕入の決定権は本部にあり，店舗は（　③　）を行う，5）一括集中仕

入方式を採用，バイイングパワーを発揮する，6）自社の（　④　）を持ち，

卸売機構を確立する，7）効率的運営のため，（　⑤　）で武装するなどが

ある。

(11)　チェーンストアのメリットは，1）（　①　）による仕入コストの低減，

2）店舗の標準化による運営コストの低下，3）加速度的に店舗の（

②　）が高まる，4）広告宣伝費などを削減できるなどがある。

(12)　チェーンストアのデメリットは，1）出店増加に伴うトラブル，2）優秀

な（　①　）を確保することが難しい，3）画一的な店舗運営が地域のニー

ズに合わない，4）本部と店舗間の（　②　）不足などがある。

3 販売形態の種類と特徴 （解答☞p.19）

(1)　店舗販売は，ある特定の場所に常時店舗を構えて商品を販売する形態であ

る。特徴としては，店舗が存在する，扱い商品が店内にディスプレイされている，対象顧客は一定の（　①　）内の消費者である，顧客が店舗に来店し店内で商品購入の意思決定をして購買する，販売員による（　②　）が基本であるなどがある。

(2)　小売業は，自店の扱い商品，店舗の（　①　），商圏などを考慮しながら，他の販売形態を併用する企業も少なくない。百貨店の（　②　）やネット上での販売活動などがある。

(3)　店舗型ネットスーパーは，店舗の従業員が（　①　）を部門ごとに回って，商品を一括して集める，集めた商品を（　②　）で顧客別に仕分けて梱包する，梱包した箱をトラックの行き先別に振り分ける，トラックに積み込んで配送する。

(4)　倉庫型ネットスーパーは，倉庫で（　①　）やはかりのついたカートを使い，商品を顧客別に仕分けて梱包する。そして，梱包した箱を（　②　）で運び，行き先別に振り分ける，トラックに積み込んで配送する。

(5)　移動販売は，人が集まりやすい場所で，（　①　）に商品を販売する形態である。

(6)　移動販売の特徴は，トラックなどに商品を積んである地域を移動しながら販売活動を行う，商品は現物商品でその場で売買を行い（　①　）である，扱う商品の種類は（　②　）である，特定の場所・曜日・時間帯などを決めて消費者への便宜をはかる，自営業や生業的な経営が多いなどがある。

(7)　訪問販売とは，販売員が各（　①　）や職場を訪問して商品を販売するスタイルである。歴史は古く，江戸時代以前から行われていた「物売り」や「（　②　）」などが元祖といえる。店舗販売に先行した販売形態である。

(8)　訪問販売の特徴は，対象顧客を自由に設定できる，販売員が（　①　）を訪問して販売活動を行う，販売員による対面販売である，扱い商品は現物かカタログであり商品説明を行いその場で売買する，家庭や職場にいながら商品の購入ができ（　②　）があるなどがある。

(9)　訪問販売は，近年では，働く女性の増加，（　①　）の進展，レジャーな

どで外出が多いなどの理由から，昼間の（　②　）が下がっており，縮小傾向が続いている。

⑽　通信販売は，印刷媒体や（　①　）媒体を活用して，消費者に商品やサービスを（　②　）訴求し，郵便や電話などで注文を得る方式を指す。

⑾　通信販売は，（　①　）に関係なく対象顧客に積極的にアプローチすることができ，（　②　）を刺激して需要の顕在化を促すことが可能な販売手法である。

⑿　通信販売は，（　①　）の収集と整備が欠かせない条件となっており，商品やサービス情報の提供には①がベースとなる。

⒀　カタログ販売は，（　①　）媒体を活用した通信販売の方式で，（　②　）によって対象顧客に告知する方法と，店舗のカタログカウンターで手渡しする方法がある。

⒁　テレビ販売は，電波媒体としてのテレビを活用して（　①　）の消費者に商品やサービスを訴求し，電話などでレスポンスを得る販売方式である。

⒂　インターネット販売は，（　①　）の設定が自由にできること，（　②　）の迅速化，消費者ニーズにきめ細かく対応した販売促進ができることなどがある。

4　インターネット社会と小売業　　（解答☞p.19）

⑴　現代は（　①　）社会といわれており，コンピュータによる情報処理と（　②　）が飛躍的に発展し，日常生活のなかで「情報」が大きな意味を持つようになってきている。

⑵　総務省の「平成30年版　情報通信白書」によれば，2017年のインターネット利用率（個人）は80％を超えており，また端末別にみると「（　①　）」での利用率が最も高く（59.7％），次いで「（　②　）」となっている。

⑶　インターネット上での電子商取引の種類には，企業間取引としての（　①　），企業と消費者間取引としての（　②　），消費者間取引としての

（　③　）がある。

⑷　リアル店舗を含むすべての商取引金額に対する電子商取引市場規模の割合のことを（　①　）という。

⑸　経済産業省のキャッシュレスビジョンでは，2025年にクレジットカードや電子マネーでの決済比率を（　①　）割以上に引き上げることを目標としている。

⑹　小売業におけるキャッシュレス決済のメリットには，（　①　）が楽になる，（　②　）の手間が省ける，（　③　）の向上が期待できるなどがある。

⑺　リアルショップの強みには，商品を直接手に取って確認できる，販売員による高度な（　①　）が受けられる，こだわりの品ぞろえになっている，（　②　）がしやすいことなどがある。

⑻　ネットショップの強みは，いつでも，どこからでも購入できる，（　①　）や商品レビューが見られる，詳細な商品情報が載っている，豊富な（　②　）の中から選べる，他店との価格の比較が簡単にできる，（　③　）や特典が多いなどがある。

⑼　（　①　）とは，具体的には，消費者がネットで売れ筋商品などを確認したあと，興味のある商品の属性をチェックするためにリアルショップを（　②　）代わりに使って，実際には購入せず，通販サイトで当該商品の価格を比較し，最も安い（　③　）から購入し，後日，自宅などで商品を受け取る行動のことである。

⑽　ネット通販の台頭で小売業は苦戦を強いられている状況のなか，小売業各社はネット通販には無い（　①　）を売場で顧客に提供し，（　②　）を高めることで，来店客の囲い込みをはかろうとしている。

⑾　オムニチャネルとは，リアルショップとネットショップの区別をつけず，あらゆる販売チャネルを（　①　）し，どの販売チャネルからも顧客が同じような（　②　）で，商品の注文，受取り，支払い，返品などができる（　③　）のことをいう。

⑿　オムニチャネルのねらいは，リアルショップとWebサイトが保存する

（　①　）や商品の（　②　），ポイントなどのデータをシステムで統合してサービスを提供することである。顧客は，オンラインもオフラインも意識せずに商品を購入することができる。

重要キーワード補充問題

1　組織小売業の種類と特徴

(1)①店舗名　②店舗運営面　(2)①水平的　②規模の経済性

(3)①中央本部　②店舗フォーマット　(4)①独立系　②経営方法

(5)①水平的統合　②目的共同体　(6)①垂直的統合　②本部機能

(7)①横　②助成　(8)①権限付与　(9)①意思決定　②還元

(10)①共同仕入　②品ぞろえ　(11)①販売　②戦略

(12)①仕入代行　②コストメリット　(13)①スケールメリット

(14)①情報　②フィードバック　(15)①経営状態　②指導

(16)①資本関係　②対価　(17)①看板　②ノウハウ　③リスク

(18)①規模の拡大　②情報収集　(19)①独立　②大規模

(20)①フランチャイザー　②フランチャイジー

(21)①単一資本　②事業体　(22)①商圏　②大量仕入

2　チェーンストアの基本的役割

(1)①単一資本　②本部　(2)①運営コスト　②生活需要

(3)①大規模　②売上高　(4)①小規模　②店舗数

(5)①商品カテゴリー　②エリア

(6)①便利性　②バイイングパワー　③取引条件

(7)①共同資本　②生協　(8)①ナショナル　②リージョナル

(9)①マス・マーチャンダイジング

(10)①標準化　②マニュアル　③補充・発注　④物流センター
　⑤情報システム

(11)①大量仕入　②知名度　(12)①人材　②コミュニケーション

3 販売形態の種類と特徴

(1)①商圏　②対面販売　(2)①立地条件　②外商

(3)①売場　②バックヤード

(4)①バーコードリーダー　②ベルトコンベア　(5)①一時的

(6)①現金取引　②限定的　(7)①家庭　②行商

(8)①見込み客　②利便性　(9)①核家族化　②在宅率

(10)①電波　②直接　(11)①立地条件　②潜在需要

(12)①顧客リスト　(13)①印刷　②ダイレクトメール

(14)①不特定多数　(15)①商圏　②商品到達時間

4 インターネット社会と小売業

(1)①高度情報　②ICT（情報通信技術）

(2)①スマートフォン　②パソコン

(3)①B to B　②B to C　③C to C　(4)①EC化率　(5)①4

(6)①会計処理　②現金管理　③客数・客単価

(7)①接客　②返品・交換　(8)①口コミ　②品ぞろえ　③クーポン

(9)①ショールーミング　②ショールーム　③サイト

(10)①体験　②顧客満足度　(11)①統合　②利便性　③流通環境

(12)①顧客情報　②在庫状況

第2章

組織形態別小売業の基本
本試験形式問題◀

第1問 次の文章は，ボランタリーチェーンの特徴について述べている。文中の〔　〕の部分に，下記に示すア～オのそれぞれの語群から最も適当なものを選んで，解答欄にその番号を記入しなさい。

　ボランタリーチェーンの目的は，大手〔　ア　〕への対抗策として，複数の中小小売業が手を組むことで，商品の共同仕入や〔　イ　〕ノウハウなどの強化を図ることである。〔　ウ　〕のボランタリーチェーンは，多数の独立系小売店同士が本部を設置し，共同による仕入や販売促進などを行う。一方，〔　エ　〕のボランタリーチェーンは，本部としての特定の卸売業と〔　オ　〕が異なる多数の独立系小売店が組織化し，安定的な商品供給や商品情報や販売情報の共有化を行う。

【語　群】
ア〔1．店舗　2．株式会社　3．金融機関　4．チェーンストア〕
イ〔1．店舗運営　2．店舗展開　3．商品開発　4．人材育成〕
ウ〔1．本部主宰　2．地域主宰　3．小売主宰　4．株主主宰〕
エ〔1．店舗主宰　2．組合主宰　3．本部主宰　4．卸売主宰〕
オ〔1．経営者　2．資本　3．地域　4．店名〕

解答欄	ア	イ	ウ	エ	オ

第2問 次のア～オは，レギュラーチェーン（コーポレートチェーン）の目的とメリット，組織構成と運営について述べている。正しいものには1を，誤っているものには2を，解答欄に記入しなさい。

ア　フランチャイズビジネスでは，契約によって特権を与える者をフランチャイザーといい，運営する本部企業のことをさしている。

イ　フランチャイズチェーンの加盟店のメリットは，本部の商標である統一看板を使用できることである。

ウ　本部から提供されるフランチャイズパッケージを利用する対価として，加盟店はロイヤルティを支払う。

エ　フランチャイズチェーンは，小売業ではスーパーマーケットや専門店に多くみられる。

オ　フランチャイズチェーンの本部のメリットは，少ない投資で急速な規模の拡大が可能であることである。

解答欄	ア	イ	ウ	エ	オ

第3問 次の文章は，レギュラーチェーン（コーポレートチェーン）の目的
とメリット，組織構成と運営について述べている。文中の〔　〕の
部分に，下記に示すア〜オのそれぞれの語群から最も適当なものを選
んで，解答欄にその番号を記入しなさい。

　レギュラーチェーンは，本部と店舗が〔　ア　〕のもとで同じ事業体に属し
ている形態のことである。目的としては，大量仕入や大量販売による〔
イ　〕販売の実現であり，多店舗展開によって〔　ウ　〕の拡大が可能になる。
本部は，〔　エ　〕や商品の仕入，販売方法，販売促進などを決定し，各店舗
は本部の指示に従い商品の〔　オ　〕を中心に行う。

【語　群】
ア〔1．共同資本　2．単一資本　3．大規模資本　4．地域資本〕
イ〔1．ブランド　2．特別　3．一括　4．低価格〕
ウ〔1．知名度　2．展開地域　3．企業規模　4．店舗面積〕
エ〔1．店舗開発　2．人事管理　3．商品開発　4．財務管理〕
オ〔1．補充発注　2．提供　3．現金販売　4．販売業務〕

解答欄	ア	イ	ウ	エ	オ

第4問 次のア〜オは，チェーンストアの運営上の特徴について述べている。
正しいものには1を，誤っているものには2を，解答欄に記入しなさい。

ア　チェーンストアは，本部主導型により店舗運営をコントロールする。

イ　チェーンストアの販売方式は，セルフサービスを主体とし，個性化された
　　売場づくりと柔軟な店舗運営を行う。

ウ　チェーンストアは，店舗での作業を標準化・効率化するためにマニュアル
　　を活用する。

エ　チェーンストアは，一括集中仕入方式を採用し，バイイングパワーを発揮
　　する。

オ　チェーンストアは，自社の物流センターを持ち，卸売機構を確立する。

解答欄	ア	イ	ウ	エ	オ

第5問　次のア～オは，チェーンストアの経営上のメリットとデメリットに
　　　　　ついて述べている。正しいものには1を，誤っているものには2を，
　　　　　解答欄に記入しなさい。

ア　チェーンストアの経営上のメリットは，企業規模の拡大化による資金繰り
　　の容易性である。

イ　チェーンストアの経営上のメリットは，プライベートブランド商品の導入
　　が可能であることである。

ウ　チェーンストアの経営上のメリットは，優秀な人材の確保が容易なことで
　　ある。

エ　チェーンストアの経営上のデメリットは，地域密着性が困難であることで
　　ある。

オ　チェーンストアの経営上のデメリットは，店舗運営が画一的になることで
　　ある。

解答欄	ア	イ	ウ	エ	オ

第6問 次のア～オは，総合品ぞろえスーパーによるネット販売について述べている。次の各事項のうち，店舗型ネットスーパーに関するものは1を，倉庫型ネットスーパーに関するものは2を，解答欄に記入しなさい。

ア　集めた商品をバックヤードで顧客別に分けて梱包する。

イ　従業員が売場を部門ごとに回って，商品を一括して集める。

ウ　梱包した箱をベルトコンベアで運び，行き先別に振り分ける。

エ　梱包した箱をトラックの行き先別に振り分ける。

オ　作業場でバーコードリーダーを使い，商品を顧客別に分けて梱包する。

解答欄	ア	イ	ウ	エ	オ

第7問 次のア～オは，移動販売の特徴について述べている。正しいものには1を，誤っているものには2を，解答欄に記入しなさい。

ア　商品は現物商品であり，その場で売買を行い，現金取引である。

イ　特定の場所，曜日，時間帯などを決めて，消費者への便宜をはかっている。

ウ　トラックなどに商品を積んで，一定の地域を移動しながら販売活動を行う。

エ　自営業，生業的な経営が多く，一人や数人規模のケースがほとんどである。

オ　扱う商品の種類は豊富で，さまざまな商品を販売する。

解答欄	ア	イ	ウ	エ	オ

第8問　次の文章は，訪問販売とその特徴について述べている。文中の〔　〕の部分に，下記に示すア〜オのそれぞれの語群から最も適当なものを選んで，解答欄にその番号を記入しなさい。

　訪問販売は，販売員が各家庭や〔　ア　〕を訪問して，商品を販売するスタイルである。その歴史は古く，江戸時代より以前から行われていた物売りや〔　イ　〕などが元祖といえる。特徴としては，店舗を介さないので〔　ウ　〕を自由に設定できること，〔　エ　〕を訪問して販売活動を行うこと，対面販売であること，扱い商品は現物やカタログであり，〔　オ　〕をしたり推奨することによって，その場で売買をすることなどがある。

【語　群】

ア〔1．職場　2．店舗　3．地域　4．学校〕

イ〔1．産直　2．製造販売　3．接客販売　4．行商〕

ウ〔1．価格　2．対象顧客　3．地域　4．販売〕

エ〔1．大衆　2．高額所得者　3．見込客　4．固定客〕

オ〔1．販売　2．PR　3．デモンストレーション　4．商品説明〕

解答欄	ア	イ	ウ	エ	オ

第9問 次のア～オは，通信販売とそのしくみについて述べている。文中の〔　〕の部分に，下記に示すア～オのそれぞれの語群から最も適当なものを選んで，解答欄にその番号を記入しなさい。

　通信販売は，新聞や雑誌などを活用した〔　ア　〕媒体方式と，テレビやラジオまたインターネットなどを使った〔　イ　〕媒体方式がある。この販売手法は，〔　ウ　〕に関係なく意図する対象顧客に積極的にアプローチすることができ，〔　エ　〕を刺激して需要の〔　オ　〕を促すことが可能である。

【語　群】

ア〔1．活字　2．流行　3．情報　4．印刷〕

イ〔1．通信　2．電波　3．即時　4．遠隔〕

ウ〔1．店舗販売　2．規模　3．立地条件　4．資本〕

エ〔1．潜在需要　2．一般大衆　3．地域需要　4．広域顧客〕

オ〔1．一般化　2．大量化　3．発生　4．顕在化〕

解答欄	ア	イ	ウ	エ	オ

第10問 次のア〜オは，電子商取引市場について述べている。正しいものには1を，誤っているものには2を，解答欄に記入しなさい。

ア ネットショッピング利用率を年代別にみると，60代以上の利用率が最も低くなっている。

イ ネットショッピングを利用しない理由を年代別にみると，60代以上では，決済手段のセキュリティの不安，ネット事業者の信頼性の低さを挙げる人の割合が他の年代に比べ，顕著に高くなっている。

ウ インターネットで購入する際の決済方法としては，「コンビニエンスストアでの支払い」が最も多い。

エ 消費者間取引としての「C to C」とは，個人が個人に商品を販売するビジネスモデルである。

オ EC化率が高いほど，電子商取引の割合が低いことを意味する。

解答欄	ア	イ	ウ	エ	オ

第11問 次の文章は，オムニチャネルのねらいについて述べている。文中の〔 〕の部分に，下記に示すア〜オのそれぞれの語群から最も適当なものを選んで，解答欄にその番号を記入しなさい。

オムニチャネルのねらいは，リアルショップとWebサイトが保存する〔 ア 〕や商品の在庫状況，ポイントなどのデータをシステムで統合してサービスを提供することにある。

顧客は，オンラインもオフラインも意識せずに商品を購入することができる。

　こうしたユーザーフレンドリーの取組みを徹底することによって，顧客の〔　イ　〕化とファン化をはかり，ファンになった顧客がSNSなどで好意的な情報を発信することで小売業における顧客の囲い込みがさらに進展し，その結果，〔　ウ　〕な売上高と利益の増大が見込める。

　オムニチャネルは，顧客満足度を高めるために，必要不可欠な施策だが，〔　エ　〕や大幅な社内調整が必要になり，O2Oに比べて〔　オ　〕が劣るため，導入のハードルは高い。

【語　群】

ア〔1．ディスプレイ　2．ファサード　3．顧客情報　4．価格情報〕

イ〔1．リピーター　2．サポーター　3．チェッカー　4．サッカー〕

ウ〔1．短期的　2．長期的　3．好意的　4．敵対的〕

エ〔1．値引交渉　2．情報操作　3．物流改善　4．システム刷新〕

オ〔1．即効性　2．遅行性　3．流動性　4．流行性〕

解答欄	ア	イ	ウ	エ	オ

解答・解説　本試験形式問題

第1問

【4－1－3－4－2】

　その目的とメリット，組織構成の2つのタイプについて，確実に内容を理解することが重要である。合わせて，本部の機能と加盟店の義務についても習得してほしい。

第2問

【1－1－1－2－1】

　フランチャイズチェーンの仕組み，本部と加盟店のメリット，運営からの出題である。フランチャイズパッケージの具体的な内容，キーワードであるフランチャイザー，フランチャイジー，ロイヤルティなどの意味については，確実に把握してほしい。エは，コンビニエンスストアやファストフード店などの業界に多い。

第3問

【2－4－3－1－4】

　店舗展開のスタンダードな手法として，スーパーマーケットを中心として普及している。近年の伸び悩みの要因についても合わせて把握してほしい。

第4問

【1－2－1－1－1】

　イは，標準化された売場づくりと画一的な店舗運営を行うことである。これ以外のものとしては，仕入の決定権は本部にあり，店舗は補充・発注を行うこと，効率的運営のために情報システムで武装することがある。

第5問

【1-1-2-1-1】

　ウは，デメリットとして優秀な人材の確保が困難であることである。チェーンストア経営の特徴を踏まえて，そのメリットとデメリットを整理して覚えることが重要である。

第6問

【1-1-2-1-2】

　ネットスーパーは，注文された商品のピッキング場所によって，2つに大別される。店舗型ネットスーパーは，従来の売場やバックヤードと店舗の従業員を使う。倉庫型ネットスーパーは，専用倉庫をつくり店舗から運営を切り離している。

第7問

【1-1-1-1-2】

　移動販売は，団地や郊外の住宅集中地域，あるいは商店街やビジネス街，駅前といった人が集まりやすい場所で，一時的に商品を販売する形態である。売られている商品には，食料品が多い。

第8問

【1-4-2-3-4】

　この販売スタイルは，店舗販売に先行した販売形態である。訪問販売で扱われている商品，事業所数や販売額について，その特徴や推移についても，合わせて確認をしてほしい。

第9問

【4-2-3-1-4】

通信販売には顧客リストの収集と整備が必須である。主な種類と特徴，事業所数と販売額，扱われている商品，また関連する法的規制として「特定商取引法」があることも，合わせて理解してほしい。

第10問

【2－1－2－1－2】

アは，60代以上の利用率は，30代，20代以下の利用率をやや上回っている。ウは，「クレジットカード払い」が最も多い。オは，EC化率が高いほど，電子商取引が多く用いられていることになる。

第11問

【3－1－2－4－1】

オムニチャネル，ショールーミング，O2Oなどの意味については，確実に把握してほしい。

第3章

店舗形態別小売業の基本的役割

➤重要キーワード補充問題

---

1 小売業態の基本知識 （解答☞p.37）

⑴ 業種とは，「何を売るか」によって小売業を分類する概念である。小売業の店舗が取り扱っている主要な（　①　）で分類している。

⑵ 業態は，「経営の方法や販売など各機能の仕組み」をさしている。特定のニーズを抱く消費者に対して，どのような商品やサービスを，どのような方法・仕組みで提供するのかという（　①　）で分類している。

⑶ 業態店は，主たる（　①　）を明確にしており，特定の（　②　）に対して，取り扱う商品やサービスの組合せなどを限定している。

⑷ 業態は，顧客の立場に立ち，（　①　）や購買方法を基準として小売業を分類する方法である。商品特性の（　②　）を突出させ，ターゲット顧客の生活シーンに応える小売店であることを，経営の各機能面に明確に打ち出したものでなければならない。

---

2 店舗形態別小売業の基本知識 （解答☞p.37）

⑴ 専門店は，広義には商業統計調査の業態分類の定義では，取扱商品において特定の分野が（　①　）％以上を占める非セルフサービス（対面販売）店をさす。狭義には顧客の欲求にどのように応えるかという（　②　）へのこ

だわりを持つ業態店である。

(2)　専業（業種）店は，自店は何を売る小売店なのかという発想から始まる。品種ごとに（　①　）の商品構成を行い，（　②　）の増加により売上の拡大をはかる。何がどれだけ売れたかに注目し，店舗の売りたい気持ちを体現している。

(3)　専門（業態）店は，顧客のどのようなニーズに，どのように応えるかを発想の原点においている。顧客の（　①　）に注目して品ぞろえをはかり，同じ顧客の（　②　）を売上増加の基本とする。誰が何をどのような目的で買ったかに注目し，顧客の買いたい気持ちを受け入れる。

(4)　専門（業態）店の運営には，緻密な（　①　）と顧客に対するより深い洞察力が必要である。情報システムを導入し，顧客の嗜好や（　②　）をとらえ，顧客の望ましいタイミングで，その欲求に沿った商品を提案することが必要である。

(5)　専門（業態）店の店員には，接客の専門家として，（　①　）を把握できるスキルが求められている。対面販売によって，顧客の（　②　）を提案し，相談相手であることで，顧客の愛顧が高まる。

(6)　百貨店が取り扱う商品部門は，（　①　）が主力であるが，最近は食品部門が販売金額を伸ばしている。全般的には（　②　）の低い商品を販売している。

(7)　品ぞろえでは，ブランド品を中心に高級品を比較的多く扱っており，（　①　）が原則である。また，他店との差別化をはかるために独自のオリジナル商品を好み，（　②　）の信頼性と店舗の信頼性とが相乗効果を生み，消費者に対して強くアピールすることができる。

(8)　日本の百貨店の特徴は，仕入先企業に売場を貸して商品を販売する（　①　）が多いことがあげられる。百貨店は在庫を抱えるといったリスクを負わないメリットがあるが，半面粗利益額は（　②　）と比べて少なくなる。

(9)　百貨店自らが商品を仕入れ，販売にもリスクを負いながら，変化の速いニーズに即時に対応する（　①　）を導入するところも増えてきている。

⑽　百貨店としての信用と伝統や実績があるため，顧客のところに出向いて商品を販売する外商部門がある。企業を対象とした（　①　）と，高額所得者を中心とした（　②　）がある。

⑾　百貨店は，部門ごとに（　①　）を行っているが，基本的に店舗ごとの運営であり，仕入や販売方法は店舗ごとに任されている。商品の仕入も（　②　）に即して行われる。

⑿　総合品ぞろえスーパーは，食品や衣料，家具，日用雑貨などを取り扱う。売場面積の大きな（　①　）の店舗であり，商品の総合化による（　②　）の便利性を顧客に提供する大型店舗である。

⒀　総合品ぞろえスーパーを経営する小売業は，すべて（　①　）として本部と店舗が同じ資本で運営される（　②　）チェーンを採用している。

⒁　広範囲に及ぶ多品種の商品を大量に仕入れ，大型店で（　①　）するためには，規模のメリットが不可欠であり，（　②　）との交渉を本部で一括して行い，店舗は消費者に商品を販売する機関として機能する。

⒂　当初の総合品ぞろえスーパーは，駅前などの（　①　）に出店することが多かったが，最近では郊外に店舗展開するケースが増えている。郊外に巨大な店舗を構え，商品を幅広くそろえて（　②　）で提供し，広大な商圏からの車による来店を誘引するようになっている。

⒃　その後，郊外移転が一段落し，（　①　）によって出店が規制されたために，地域の小売店をテナントとして迎え入れる形が一般的になった。テナントの共存というスタイルをさらに発展させたのが，（　②　）の開発である。総合品ぞろえスーパーを（　③　）として開設しテナントを募集し，顧客誘引をはかる発想である。

⒄　スーパーマーケットは，商業統計調査における業態分類では，（　①　）に分類されている。定義としては，店舗面積250㎡以上，販売はセルフサービス方式，取扱商品において，衣・食・住のいずれかが（　②　）％を超えるとなっている。

⒅　一般には，食品の取扱構成比が70％を超える食料品スーパーのことをスー

パーマーケットと呼ぶ。（　①　）中心で（　②　）方式の店舗である。

⒆　スーパーマーケットの目的は，限られた（　①　）ないし地域での生存競争であり，地域に根ざした商業活動としての基本姿勢は，比較的（　②　）した経営を維持できている。

⒇　日本のホームセンターは，（　①　）の増大から趣味に時間を費やす人口が増えてきており，（　②　）や園芸などの愛好家が増えるようになってきたため，趣味を楽しむ消費者を，チェーンオペレーションに則った店舗運営と品ぞろえ政策でサポートする店舗として出発している。

㉑　ストアコンセプトは，「Do It Yourself」であり，（　①　）といわれ，日曜大工用品のことをDIY用品といい表わすことが多い。

㉒　日本のホームセンターの取扱品目は，日曜大工や補修関連だけではなく，（　①　），ペット，（　②　）などの商品群を取り入れている。

㉓　ホームセンターの取扱部門の挑戦として新しい傾向は，（　①　）への取組みがある。（　②　）を意識した品ぞろえや，農業資材への取組みである。

㉔　ドラッグストアとは，1）（　①　）販売，2）医薬品・（　②　）小売業に属する，3）一般用医薬品を扱うと定義されている。

㉕　改正（　①　）の施行に伴い，一般用医薬品は第1類から第3類までに分類され，（　②　）が第2類と第3類医薬品を販売できるようになった。

㉖　ドラッグストアの特徴は，メインターゲットは（　①　）であり，「美と健康を提供する」こと，また（　②　）として自分自身の手で健康管理を行うことを重視している。

㉗　コンビニエンスストアの店舗としての特徴は，（　①　）と加工食品を中心とした飲食料品を扱うこと，（　②　）は30㎡以上250㎡未満，営業時間14時間以上となっている。

㉘　コンビニエンスストアの運営上の特徴は，商圏のさまざまな情報を収集し（　①　）を把握できる強みを持っていること，（　②　）を徹底活用し店舗ごとに最適な品ぞろえと物流を組み立てることである。

㉙　近年ではコンビニエンスストアは，モノより（　①　）を商品として充実

させる傾向が強い。宅配便の取次やFAX送受信サービスから始まり，（
②　）の窓口を代行する機能の導入が進んでいる。

⑶0　ディスカウントストアは，低価格での販売を最優先する小売業態であり，
仕入費用を抑え，（　①　）を目指す。（　②　）による大量仕入，大量販売
を志向する企業が多い。

⑶1　100円ショップは，店内の全品目を100円（税別）で売る店舗である。急速
にチェーン展開を始め，（　①　）にすることで，衝動買いや（　②　）の
促進や事務作業の簡素化ができる便益がある。

⑶2　アウトレットストアは，ブランド品の売れ残りや流行遅れ品などを格安で
売りさばく（　①　）を意味している。複数のアウトレットストアが意図的
に集まり，（　②　）と呼ばれる店舗集積地を形成する例が増えてきている。

⑶3　消費生活協同組合は，利益を追求しない（　①　）であり，事業主体と販
売対象は自らの意思で出資した（　②　）の組合員である。

⑶4　生協の特徴である（　①　）とは，組合員同士が班をつくり，生協からま
とめ買いをする仕組みである。（　②　）が高く，組合員の交流の場となっ
ている。

解答　重要キーワード補充問題

1　小売業態の基本知識

(1)①販売品目　　(2)①経営方法　　(3)①顧客層　　②生活シーン

(4)①購買目的　　②専門性

2　店舗形態別小売業の基本知識

(1)①90　　②顧客ニーズ　　(2)①多品目　　②来店客数

(3)①欲求　　②リピート購買　　(4)①情報収集力　　②消費パターン

(5)①顧客心理　　②課題解決　　(6)①衣料品　　②回転率

(7)①定価販売　　②ブランド　　(8)①委託販売　　②買取販売

(9)①自主マーチャンダイジング　　(10)①法人外商　　②個人外商

(11)①商品管理　　②地域性

(12)①セルフサービス　　②ワンストップショッピング

(13)①チェーンオペレーション　　②企業型　　(14)①量販　　②納品先

(15)①商業集積地　　②安価

(16)①大規模小売店舗法　　②ショッピングセンター　　③核店舗

(17)①専門スーパー　　②70　　(18)①生鮮食料品　　②セルフサービス

(19)①商圏　　②安定　　(20)①余暇時間　　②日曜大工　　(21)①ＤＩＹ店

(22)①園芸　　②カー用品　　(23)①プロ需要　　②建築業者

(24)①セルフサービス　　②化粧品

(25)①薬事法　　②登録販売者　　(26)①女性　　②セルフメディケーション

(27)①日配食品　　②売場面積　　(28)①顧客動向　　②店頭情報

(29)①サービス　　②公共機関　　(30)①薄利多売　　②チェーンオペレーション

(31)①統一単価　　②ついで買い　　(32)①在庫処分店　　②アウトレットモール

(33)①非営利団体　　②一般市民　　(34)①共同購入　　②地域密着度

第3章

店舗形態別小売業の基本的役割

本試験形式問題◀

第1問 次のア〜オは，業種と業態の違いについて述べている。正しいものには1を，誤っているものには2を，解答欄に記入しなさい。

ア　業種は，何を売るかによって小売業を分類する概念であり，店舗が取り扱っている主要な販売品目で分類したものである。

イ　業態は，顧客の立場に立ち，購買目的や購買方法を基準として分類する方法である。

ウ　業種は，生産者の立場から見たものであり，商品の作り方を基準として種類を限定する分類方法である。

エ　業態は，商品の専門性を重視し，品ぞろえは多品目となるのが特徴である。

オ　業態は，どのような売り方をするかという経営方法や販売などの各機能の仕組みをさすものである。

解答欄	ア	イ	ウ	エ	オ

第2問　次の文章は，専門店の基本定義について述べている。文中の〔　　〕の部分に，下記に示すア〜オのそれぞれの語群から最も適当なものを選んで，解答欄にその番号を記入しなさい。

専門店は，取扱商品において特定の分野が〔　ア　〕以上を占める非セルフサービス店をさしている。顧客ニーズにどのように応えるかを原点において，〔　イ　〕を設定し，独自の商品構成により，〔　ウ　〕のリピート購買を売上増加の基本としている。緻密な情報収集力による〔　エ　〕を重視し，〔オ　〕戦略を進めている。

【語　群】

ア〔1．50%　2．70%　3．80%　4．90%〕

イ〔1．マーチャンダイジング　2．ストアコンセプト　3．営業戦略　4．方針〕

ウ〔1．新規顧客　2．流動客　3．固定客　4．近隣住民〕

エ〔1．顧客管理　2．顧客対応　3．データベース　4．販売促進〕

オ〔1．個性化　2．地域化　3．感性　4．標準化〕

解答欄	ア	イ	ウ	エ	オ

第3問　次のア〜オは，百貨店の歴史，マーチャンダイジング，販売形態，店舗運営について述べている。正しいものには1を，誤っているものには2を，解答欄に記入しなさい。

1 小売業の類型

ア　日本では当初は老舗呉服系の百貨店が中心であったが，戦後は電鉄系の百貨店が展開されるようになった。

イ　百貨店が取り扱う商品部門は，衣料品が中心であるが，最近では食品部門が伸長している。

ウ　百貨店の販売形態は委託販売が多く，在庫を抱えるリスクを負わない運営を行ってきたが，最近は自主マーチャンダイジングを導入し始めている。

エ　百貨店は，部門ごとに商品管理を行っており，仕入や販売は各店舗ごとの運営である。

オ　百貨店の外商部門は，法人外商が主であり，個人外商の存在価値は低くなっている。

解答欄	ア	イ	ウ	エ	オ

第4問　次の文章は，百貨店の特徴について述べている。文中の〔　　〕の部分に，下記に示すア～オのそれぞれの語群から最も適当なものを選んで，解答欄にその番号を記入しなさい。

　百貨店は，〔　ア　〕の経営によって多種多様な商品を〔　イ　〕に管理し，高サービスを基本として販売する大規模小売店である。多くの商品は，〔　ウ　〕でリスクが少ないと同時に，仕入先企業などの〔　エ　〕に依存した経営を行ってきた。最近，一部の商品については自らの責任で仕入れ，完売する〔　オ　〕に取り組み始めている。

【語　群】

ア〔1．複合資本　2．単一資本　3．相互契約　4．流通外資〕

イ〔1．部門別　2．仕入先別　3．売場別　4．フロア別〕

ウ〔1．買取販売　2．対面販売　3．側面販売　4．委託販売〕

エ〔1．正規社員　2．パート社員　3．派遣社員　4．契約社員〕

オ〔1．自主管理　2．自前販売　3．責任販売

　　4．自主マーチャンダイジング〕

解答欄	ア	イ	ウ	エ	オ

第5問　次の文章は，総合品ぞろえスーパーの定義について述べている。文中の〔　〕の部分に，下記に示すア〜オのそれぞれの語群から最も適当なものを選んで，解答欄にその番号を記入しなさい。

　総合品ぞろえスーパーは，衣食住の広範囲にわたる商品を〔　ア　〕に品ぞろえし販売する売場面積の大きな〔　イ　〕の店舗である。顧客の〔　ウ　〕の便利性を提供する大型店舗であり，経営方式としてはすべて〔　エ　〕を採用し，本部で商品を大量に仕入れ，店舗で量販する〔　オ　〕を追求している。

【語　群】

ア〔1．総合的　2．専門的　3．集中的　4．地域的〕

イ〔1．側面販売　2．対面販売　3．混合販売　4．セルフサービス〕

ウ〔1．受注対応　2．ワンストップショッピング　3．個別対応

　　4．一括販売〕

1　小売業の類型

エ〔1．支店経営　2．地域経営　3．チェーンオペレーション　4．契約〕
オ〔1．範囲のメリット　2．規模のメリット　3．個別のメリット
　　4．店舗のメリット〕

解答欄	ア	イ	ウ	エ	オ

第6問　次の文章は，スーパーマーケットの基本定義について述べている。
　　　　文中の〔　　〕の部分に，下記に示すア〜オのそれぞれの語群から最
　　　　も適当なものを選んで，解答欄にその番号を記入しなさい。

　スーパーマーケットは，〔　ア　〕を中心とする毎日の食生活に欠かせない
食材の提供と加工食品などを便利に品ぞろえしている。〔　イ　〕を主体に
〔　ウ　〕で精算する部門管理型の〔　エ　〕・低価格販売の小売店舗であり，
〔　オ　〕の高さが特徴となっている。

【語　群】
ア〔1．雑貨品　2．日配品　3．生鮮食料品　4．実用衣料品〕
イ〔1．対面販売　2．側面販売　3．特売　4．セルフサービス方式〕
ウ〔1．分散レジ　2．一括集中レジ　3．セルフレジ　4．現金〕
エ〔1．低コスト　2．小口販売　3．低マージン　4．自動販売〕
オ〔1．地域密着性　2．本部密着性　3．店舗連鎖　4．共同経営〕

解答欄	ア	イ	ウ	エ	オ

第7問 次のア～オは，ホームセンターについて述べている。正しいものには1を，誤っているものには2を，解答欄に記入しなさい。

ア　ホームセンターは，当初，家電用品の大型専門店として始まった。

イ　日本のホームセンターは，園芸，ペット，自動車などの商品群を取り扱うことで成長していった。

ウ　郊外の大型ホームセンターは，本業のDIY用品に加え，食料品や医薬品などの部門を設けて，来店客数の増加を狙っている。

エ　一般的に，ホームセンターは，ローコストのワンフロアの店舗構造が多い。

オ　ホームセンターの中には，会員制やカードビジネス，リフォーム事業に取り組む店舗が現われている。

解答欄	ア	イ	ウ	エ	オ

第8問 次のア～オは，ドラッグストアについて述べている。正しいものには1を，誤っているものには2を，解答欄に記入しなさい。

ア　自分自身の手で健康管理を行うことを意味するセルフメディケーションの

普及を推進している。

イ 健康や美に関するカテゴリーを主体に販売する専門業態である。

ウ 医薬品を販売の主体におき，セルフサービス販売方式でチェーン展開をする店舗形態である。

エ 改正薬事法により，登録販売者は一般用医薬品のうち，第1類と第2類医薬品を販売できるようになっている。

オ 自己のアイデンティティを持ち続けるために，女性という本来のターゲットを明確にし追求している。

解答欄	ア	イ	ウ	エ	オ

第9問 次の文章は，コンビニエンスストアについて述べている。文中の〔 〕の部分に，下記に示すア〜オのそれぞれの語群から最も適当なものを選んで，解答欄にその番号を記入しなさい。

コンビニエンスストアは，顧客にとっての〔 ア 〕を業態コンセプトにして，日々の暮らしに欠かせない〔 イ 〕を幅広く品ぞろえしている。店舗運営は，〔 ウ 〕をはじめとした情報化を行っており，自店商圏の顧客動向や小売店頭の商品の〔 エ 〕を収集し分析・活用をしている。最適な〔 オ 〕の品ぞろえと迅速でムダのない受発注と物流を実現している。

【語 群】

ア〔1. 親密性 2. 近隣性 3. 便利性 4. 小規模性〕

イ〔1. 生鮮食品 2. 加工食品 3. 雑誌 4. デイリー商品〕

ウ〔1．EOS　2．EDI　3．POSシステム　4．レジ〕

エ〔1．販売動向　2．在庫情報　3．顧客動向　4．仕入情報〕

オ〔1．小口大量　2．多品種少量　3．小口少量　4．多品種大量〕

解答欄	ア	イ	ウ	エ	オ

第10問　次のア～オは，その他の店舗形態について述べている。正しいものには1を，誤っているものには2を，解答欄に記入しなさい。

ア　アウトレットストアは在庫処分店を意味し，それらが意図的に集まったものがパワーセンターと呼ばれる。

イ　ディスカウントストアは，品ぞろえのフルライン化と低コストの店舗運営方式を行っている。

ウ　100円ショップは，統一単価にすることで，衝動買いやついで買いの促進を行っている。

エ　有力なディスカウントストアは，大量仕入，大量販売を行い，メーカーの過剰生産商品をさばく，一大流通チャネルとなっている。

オ　大手チェーンの100円ショップでは，売価100円にこだわらず，より付加価値の高い独自商品を開発して，同業他社との差別化をはかる動きもある。

解答欄	ア	イ	ウ	エ	オ

第11問 次のア～オは，消費生活協同組合の目的とメリット，組織構成と運営，共同購入について述べている。正しいものには1を，誤っているものには2を，解答欄に記入しなさい。

ア　消費生活協同組合の根拠法は，消費生活協同組合法であり，COOPは協同組合を意味している。

イ　消費生活協同組合の事業主体と販売対象は，一般市民の組合員である。

ウ　消費生活協同組合は，利益を追求しない非営利団体である。

エ　消費生活協同組合の特有の販売形態が共同購入であり，現在も高成長している。

オ　消費生活協同組合の基本姿勢は，市民への安全と安心の提供である。

解答欄	ア	イ	ウ	エ	オ

| 解答・解説 | 本試験形式問題 |

第1問

【1－1－1－2－1】

　今日では，小売業は業種店が衰退し，業態店が増加している。それぞれの特徴を確実に理解することが重要である。具体的な店舗形態の種類についても合わせて習得してほしい。エは，業種（店）の発想であり，あくまで顧客ニーズからの発想が重要である。

第2問

【4－2－3－1－1】

　専業店と専門店との違いについて確実に理解のうえ，業態店としての専門店の特徴について重点内容を習得してほしい。専門店の定義は，なかなか難しいため，テキストの内容をしっかりと把握することが大切である。

第3問

【1－1－1－1－2】

　小売業として古くから存在している百貨店の基本的な特徴を理解のうえで，近年の変化してきている内容についても習得してほしい。オは，法人外商は企業側の経費削減の影響を受け売上が減少してきており，個人外商の見直しと優良顧客の囲い込みが進められている。

第4問

【2－1－4－3－4】

　百貨店のマーチャンダイジング，百貨店の販売形態については確実に習得してほしい。百貨店の商品別売上高構成比は，衣料品，食料品，雑貨，身の回り品の順番になっていることも，併せて理解すること。

第5問

【1－4－2－3－2】

アメリカのGMSの定義と日本の定義は異なることに注意をしてほしい。総合品ぞろえスーパーの発展の歴史，今日厳しい状況に置かれている理由と今後の課題についても，理解が必要である。

第6問

【3－4－2－3－1】

総合スーパーマーケットとの違いについては，十分に理解することが大切である。近年でも比較的安定的な経営を維持している理由についても，把握してほしい。

第7問

【2－1－1－1－1】

アは，日用大工用品が正解である。ホームセンターの店舗形態ごとの品ぞろえの特徴などについても，把握してほしい。

第8問

【1－1－1－2－1】

エは，登録販売者は一般医薬品の第2類と第3類医薬品を販売できるようになっているが正解である。薬剤師や登録販売者が専従する許可営業となっていることを理解すること。

第9問

【3－4－3－1－2】

コンビニエンスストアの定義と運営上の特徴について述べている。コンビニエンスストアの歴史，フランチャイズチェーン方式，本部の役割と店舗との関係，近年のサービス品目の拡大の背景などについても，合わせて理解してほし

い。

第10問

【2 - 1 - 1 - 1 - 1】

アのアウトレットストアの店舗集積はアウトレットモールが正解である。店舗形態別小売業の主要なもの以外の特徴についても，確実に理解をしてほしい。

第11問

【1 - 1 - 1 - 2 - 1】

他の小売業が株式会社などの営利追求であるのとは異なり，消費生活協同組合（COOP）は非営利であり，基本原則は組合員である市民の安心できる日常生活の確保であることを理解することが大切である。エは，働く女性の増加による在宅率の低下により頭打ちとなっている。

第4章

商業集積の基本

➤重要キーワード補充問題

1 商店街の現状と特徴

(解答☞p.52)

(1) 商業集積とは，一定の土地あるいは（ ① ）に，小売業や（ ② ）また飲食店などが集中して立地する状態のことである。

(2) 商店街は，都市のなかに特徴のある街区を形成し，（ ① ）の一部を担っている。

(3) 商店街は，（ ① ）に配置，形成されたものでないため，消費者が必要とする商品を当該商店街においてまとめ買いさせる機能，いわゆる（ ② ）機能が欠如している。

(4) 商店街は，（ ① ）がない，道路が狭い，歩道が整備されていないなど，（ ② ）の進展に対する基本（ ③ ）が追い付いていない。

(5) （ ① ）商店街は，大都市の周辺部や地方の小都市中心部などに形成される商店街で，最寄品販売店舗も所属するが，（ ② ）を販売する店舗の比率のほうが高い商店街である。

(6) 広域型商店街は，県庁所在地などの都市中心部に形成される商店街である。（ ① ）販売店舗を中心に構成されており，百貨店や（ ② ）を核店舗として擁している。

(7) 全国で商店街を含む中心市街地の衰退傾向の状況を受け，行政は地域の実情にあったまちづくりを行うことを目的とした「（ ① ）」を制定，施行し，地域住民のための（ ② ）をはかっている。

(8)　商店街の抱える問題としては，「経営者の高齢化による（　①　）」が最も多くなっている。

2　ショッピングセンターの現状と特徴
（解答☞p.52）

(1)　ショッピングセンターは，（　①　）が計画的に造成した商業集積である。広い敷地と多くの駐車スペースを有し，（　②　）としての大型小売店と（　③　）である専門店を，同一あるいは複数の建物の中に収容し，巨大な商業空間を形づくっている。

(2)　ショッピングセンターの定義は，一つの単位として計画，開発，所有，管理運営される商業・サービス施設の集合体で，（　①　）を備えるものをいう。基準は，1）小売業の店舗面積が，1,500㎡以上であること，2）テナントのうち，小売店舗が10店舗以上含まれていること，3）（　②　）の面積が全体の80%程度を超えないこと，4）テナント会（商店会）があり共同活動を行っていることがある。

(3)　テナントとは，原則として，デベロッパーとの間に（　①　）を結んでいる店舗のことである。

(4)　デベロッパーとは，ショッピングセンターを（　①　）し，建物を所有，（　②　）する事業者のことである。

(5)　（　①　）とは，スーパーマーケットやドラッグストア，ディスカウントストアなどがキーテナントとなる比較的小型のショッピングセンターである。

(6)　（　①　）とは，複数の百貨店，総合品ぞろえスーパーなどのキーテナントと専門店が一体となって集積する超大型のショッピングセンターである。

(7)　（　①　）とは，メーカーや小売店の在庫品を割安で処分するための店舗が集積したディスカウント型のショッピングセンターのことである。

(8)　（　①　）とは，市場の持つ賑わいや祝祭性を全面に打ち出したショッピングセンターであり，（　②　）と称する場合もある。

解　答　重要キーワード補充問題

1　商店街の現状と特徴

(1)①地域　　②サービス業　　(2)①都市機能

(3)①計画的　　②ワンストップショッピング

(4)①駐車場　　②モータリゼーション　　③インフラ

(5)①地域型　　②買回品　　(6)①買回品　　②総合品ぞろえスーパー

(7)①まちづくり三法　　②環境整備　　(8)①後継者問題

2　ショッピングセンターの現状と特徴

(1)①ディベロッパー　　②核店舗　　③テナント

(2)①駐車場　　②キーテナント　　(3)①賃貸借契約

(4)①計画・開発　　②管理・運営　　(5)①ネイバーフッド型SC

(6)①スーパーリージョナル型SC　　(7)アウトレットモール

(8)①エンターテインメントセンター　　②フェスティバルセンター

第1問　次の文章は，商店街の実情について述べている。文中の〔　　〕の
　　　　部分に，下記に示すア～オのそれぞれの語群から最も適当なものを選
　　　　んで，解答欄にその番号を記入しなさい。

　近年では，大型商業施設などが進出して競争が激化したり，店舗の経営者の
〔　ア　〕や〔　イ　〕などによる廃業も目立つようになってきている。とり
わけ1990年代以降，全国で商店街を含む中心市街地の衰退傾向が顕著になって
いる。

　このような状況の解決に向け，行政は地域の実情に合ったまちづくりを行う
ことを目的に，「まちづくり三法」（〔　ウ　〕，改正〔　エ　〕，中心市街地活
性化法）を制定，施行し，〔　オ　〕のための環境整備をはかっている。

【語　群】
ア〔1．若年化　2．高齢化　3．意欲不足　4．転勤〕
イ〔1．モータリゼーションの進展　2．商店街振興組合の台頭
　　3．後継者不足　4．キャッシュレス決済への対応〕
ウ〔1．消費者契約法　2．都市計画法　3．大規模小売店舗法
　　4．大規模小売店舗立地法〕
エ〔1．消費者契約法　2．都市計画法　3．大規模小売店舗法
　　4．大規模小売店舗立地法〕

1 小売業の類型

オ〔1．地域住民　2．従業員　3．株主　4．都道府県知事〕

解答欄	ア	イ	ウ	エ	オ

第2問　次のア～オは，商店街の機能について述べている。正しいものには1を，誤っているものには2を，解答欄に記入しなさい。

ア　商店街に必要な機能とされる「利便性」とは，消費者が便利な買物，行き来しやすさを充足させることである。

イ　商店街に必要な機能とされる「安全性」とは，街路灯やアーケードなど，消費者の防災・保安上の安全を確保することである。

ウ　商店街に必要な機能とされる「情報性」とは，カルチャーセンターや祭りなど，地域の文化・伝統の活用，文化・教養施設を通じて情報発信することである。

エ　商店街に必要な機能とされる「快適性」とは，飲食施設や娯楽施設を充実させることである。

オ　商店街に必要な機能とされる「文化性」とは，消費者に買物に役立つ情報を提供することである。

解答欄	ア	イ	ウ	エ	オ

第3問　次のア〜オは，ショッピングセンターの定義と基準について述べている。正しいものには1を，誤っているものには2を，解答欄に記入しなさい。

ア　ショッピングセンターは，ディベロッパーが商業集積の効果を意図して計画的に造成したものである。

イ　ショッピングセンターは，核店舗である大型小売店とテナントとしての専門店を，同一あるいは複数の建物の中に収容している。

ウ　ショッピングセンターは，商業・サービス業の集合体で，駐車場を備えるものをいう。

エ　ショッピングセンターは，テナントのうち，小売店舗が20店舗以上含まれていることが基準である。

オ　ショッピングセンターは，テナント会があり，広告宣伝や共同催事などの共同活動を行っているという基準がある。

解答欄	ア	イ	ウ	エ	オ

第4問　次の文章は，ショッピングセンターの類型と特徴について述べている。文中の〔　〕の部分に，下記に示すア〜オのそれぞれの語群から最も適当なものを選んで，解答欄にその番号を記入しなさい。

ショッピングセンターを商圏規模によって分類すると，以下のようになる。
①　ネイバーフッド型SC
　　〔　ア　〕やドラッグストア，ディスカウントストアなどがキーテナント

となる比較的小型のショッピングセンター。地元の小商圏をターゲットとして，日常性の最寄品を中心に生活密着型のサービス業，飲食店などを併設し，住宅地の近隣に立地する。

② コミュニティ型SC

〔 イ 〕など1～2店舗がキーテナントとなる中規模のショッピングセンター。最寄品と買回品の両方を提供し，これに専門店や飲食店などを併設している。

③ リージョナル型SC

百貨店，総合品ぞろえスーパーなどのキーテナントと〔 ウ 〕が一体となって集積する大規模のショッピングセンター。飲食店，アミューズメント施設などが計画的に配置された〔 エ 〕型のショッピングセンターである。

④ スーパーリージョナル型SC

複数の百貨店，総合品ぞろえスーパーなどのキーテナントと専門店が一体となって集積する超大型のショッピングセンター。小売店舗のほかに，シネマコンプレックスやアミューズメント施設，〔 オ 〕などを併設する。

【語　群】

ア〔1．パパママストア　2．スーパーマーケット

　　3．総合品ぞろえスーパー　4．百貨店〕

イ〔1．パパママストア　2．スーパーマーケット

　　3．総合品ぞろえスーパー　4．百貨店〕

ウ〔1．専門店　2．スーパーマーケット　3．ディスカウントストア

　　4．アウトレットストア〕

エ〔1．時間生産型　2．時間消費型　3．空間生産型　4．空間消費型〕

オ〔1．アウトレットモール　2．フェスティバルセンター　3．ホテル

　　4．病院〕

解答欄	ア	イ	ウ	エ	オ

本試験形式問題

第1問

【2-3-4-2-1】

　商店街の衰退の原因，商店街の景況，商店街の抱える問題点などについても，あわせて把握してほしい。

第2問

【1-1-2-2-2】

　ウは文化性について，エは娯楽性について，オは情報性について述べている。その他のふれあい性・賑わい性，快適性などについても，内容をしっかりと理解してほしい。

第3問

【1-1-1-2-1】

　計画的，ディベロッパー，テナント，核店舗，駐車場などの重要キーワードは確実に覚えてほしい。自然発生的な商業集積である商店街と対比して理解することも大切である。エは，10店舗以上である。

第4問

【2-3-1-2-3】

　ショッピングセンターの商圏規模による分類については，商店街と同様に，商圏の広がりによってショッピングセンターを分類することができる。四つの分類それぞれの店舗構成，特徴を把握してほしい。

2

マーチャンダイジング

```
┌─────────────────────────────────────────┐
│ ┌──────────┐                             │
│ │ 第1章    │                             │
│ └──────────┘                             │
│                                          │
│          商 品 の 基 本                   │
│                                          │
│          ➤重要キーワード補充問題          │
│                                          │
└─────────────────────────────────────────┘
```

█ **1** 商品とは何か （解答☞p.64）

(1) 商品とは，利益の確保を目的に生産され，市場で売り買いされる（ ① ）やサービスである。

(2) 宅配便や旅行代理店などの（ ① ），インターネットの接続などの（ ② ），電話での天気予報や新聞などの（ ③ ），キャラクター使用権や著作権などの（ ④ ），特許や実用新案の形をとる（ ⑤ ）なども商品である。

(3) 商品とは，生産者または販売者には（ ① ）を，購入者には（ ② ）あるいは（ ③ ）を与える。

(4) 消費者が商品によって満足を得る質的な要素は，（ ① ）である。

(5) 商品の一次品質とは，機能，性能で得られる（ ① ）の程度のことである。二次品質とは，個人的な趣味や嗜好，（ ② ）などの（ ③ ）でのフィット感のことである。三次品質とは，流行性や（ ④ ），ステータス性など（ ⑤ ）評価への適合性やこだわりのことである。

(6) 販売の際に，消費者が求めている（ ① ）が商品の（ ② ）のほか，（ ③ ），あるいは（ ④ ）にどう関わっているか理解し，顧客に伝えることが重要である。

(7) 小売業の経営においては，有用性や個人的フィット感などを包み込んだ（ ① ）が的確に（ ② ）に伝えられ，理解され，同意されることが重

要である。

(8) 商品コンセプトとは，商品の持つ（　①　）や（　②　）のことである。

2 商品の分類

（解答☞p.64）

(1) 国や国際的な標準で統一的に決められた分類を（　①　）と呼んでいる。また，問題意識によってそのつど，つくられ利用される分類を（　②　）と呼んでいる。

(2) 制度分類は，商品との関連では，「日本標準（　①　）分類」，産業レベルでの経済活動の統計では，「日本標準（　②　）分類」，労働や就業の状況を把握するための「日本標準（　③　）分類」などがある。

(3) コープランドは，消費者の（　①　）の研究によって，消費者が商品をどのような買い方をするかという（　②　）から，最寄品，（　③　），専門品に分類した。

(4) 最寄品は，使用頻度，消耗頻度，購買頻度が（　①　），価格がどこでも（　②　）なく，住居に比較的（　③　）ところで購入する商品である。

(5) 買回品は，単価が（　①　），いくつかの店舗を回って（　②　）や（　③　）を比較，検討して購入する商品である。

(6) 専門品は，価格がかなり（　①　），購買頻度はきわめて（　②　），購入決定までに多くの時間と手間をかける，また，専門的な（　③　）や情報が大きな役割を果たす，（　④　）よりも奢侈的な性格の高級，高価な商品である。

(7) 現代では同一商品の中でも，商品の種類別に（　①　）分類を当てはめることがむずかしくなってきている。

(8) 売場構成は，商品部門ごとに，売場の（　①　）と（　②　）を適切に決定することである。

(9) かつて消費者は，魚屋，八百屋，肉屋など，（　①　）の店舗が集まって形成していた（　②　）で，商品を買っていた。

⑽ 近年では，商品の（　①　）や機能によって（　②　）が決められるのではなく，消費者のそれぞれの（　③　）シーンで必要とする商品をまとめて，そのシーンを売場で（　④　）する形で品ぞろえする小売店が増えている。

3 商品の本体要素 （解答☞p.64）

⑴ 商品は，消費者に満足を与える（　①　）を持っていなければならず，その（　①　）が発揮される程度を（　②　）といっている。

⑵ 商品のデザインは，商品の（　①　）を向上させ，商品の（　②　）を通して競争を有利に展開するうえで重要な手段である。

⑶ よいデザインの商品とは，消費者側からみれば，見て美しく，使いやすく，（　①　）がしやすくて，（　②　）が容易という商品である。企業側からみれば，（　③　）しやすく，（　④　）しやすいものである。

⑷ 商品のデザイン活動とは，丈夫で使いよい（　①　），見て美しく，買いやすい値段の（　②　）という全く異なる３つの要素を（　③　）に結合して商品をつくり出すことである。

⑸ 意匠とは，「物品の形状，模様もしくは（　①　），または，これらの（　②　）であって，視覚を通じて（　③　）を起こさせるもの」であり，商品の外観に関する（　④　）のことである。

⑹ 意匠登録を受けると，その意匠および類似する意匠を（　①　），（　②　）に商品に利用する権利が得られる。

⑺ 意匠登録を受けるための意匠は，（　①　）利用できるもので，（　②　）があり創作が容易でなく，（　③　）を害さないものでなければならない。

⑻ 総合的なデザインの（　①　）制度として，公益財団法人日本デザイン振興会が主催する（　②　）賞がある。

⑼ グッドデザイン賞の母体は，1957年に当時の通商産業省によって創設された「グッドデザイン商品選定制度」通称（　①　）制度である。

⑽ グッドデザイン賞は，さまざまな事象の中からよい（　①　）を選び，生

　活者の暮らしや（　②　），そして（　③　）をより豊かなものへ導くこと
を目的としている。

⑾　グッドデザイン賞の対象は，（　①　）を問わず，あらゆる領域にわたっ
　ており，受賞したデザインには「Gマーク」をつけることが認められる。

⑿　ブランドは，消費者へのメッセージを伝えるための重要な（　①　）であ
　り，生産や流通，消費においてさまざまな（　②　）を持っている。

⒀　ブランドネームは，ブランドの（　①　）をなすもので，商品を効果的に
　（　②　），（　③　）させ，自社商品の選択を優位に導く有効な手段となる。

⒁　ブランドマークは，（　①　）や包装，広告，（　②　）・便箋，その他あ
　らゆる（　③　）につけられ，常に消費者の目に触れ，（　④　）な印象を
　与えるものであり，その（　⑤　）はきわめて重要である。

解 答　重要キーワード補充問題

1　商品とは何か

(1)①物財　(2)①サービス　②システム　③情報　④権利　⑤技術
(3)①収益（利益）　②便益（有用性）　③効用（満足）　(4)①品質
(5)①有用性　②ライフスタイル　③感性面　④ブランド性　⑤社会的
(6)①効用　②一次品質　③二次品質　④三次品質
(7)①商品コンセプト　②消費者　(8)①概念　②主張

2　商品の分類

(1)①制度分類　②慣用分類　(2)①商品　②産業　③職業
(3)①購買行動　②購買習慣　③買回品　(4)①高く　②大差　③近い
(5)①高く　②価格　③品質　(6)①高く　②低く　③アドバイス
　④生活必需的
(7)①慣用　(8)①位置　②面積　(9)①業種別　②商店街
(10)①種類　②売場構成　③使用　④提案

3　商品の本体要素

(1)①機能　②性能　(2)①質的な要素（二次品質）　②差別化
(3)①修理　②処分　③量産　④ディスプレイ
(4)①機能性　②経済性　③有機的
(5)①色彩　②結合　③美感　④デザイン　(6)①独占的　②排他的
(7)①工業上　②新規性　③公序良俗
(8)①推奨　②グッドデザイン　(9)①Gマーク
(10)①デザイン　②産業　③社会全体　(11)①有形無形
(12)①シグナル　②機能　(13)①中核　②認知　③記憶
(14)①商品本体　②社内封筒　③印刷物　④視覚的　⑤デザイン

第1章

商 品 の 基 本

本試験形式問題◀

第1問 次の文章は，商品とは何かについて述べている。文中の〔　〕の部分に，下記に示すア～オのそれぞれの語群から最も適当なものを選んで，解答欄にその番号を記入しなさい。

　商品は，〔　ア　〕の確保を〔　イ　〕に生産され，〔　ウ　〕で売り買いされるモノやサービスなどであり，生産者または販売者にはアをもたらし，購入者には〔　エ　〕または〔　オ　〕を与えるものである。つまり商品の原点は，消費者にオを与えてこそ，アが得られることにある。

【語　群】

ア〔1．顧客　2．商圏　3．人材　4．利益〕

イ〔1．前提　2．確約　3．目的　4．目標〕

ウ〔1．工場　2．市場　3．通販　4．消費者間〕

エ〔1．便益　2．感動　3．納得感　4．充足感〕

オ〔1．名声　2．満足　3．欲求　4．不満〕

解答欄	ア	イ	ウ	エ	オ

65

第2問 次のア～オは，商品の種類・品質について述べている。正しいもの
には1を，誤っているものには2を，解答欄に記入しなさい。

ア 商品の対象は，物財，サービス　システム，情報などである。

イ 一次品質とは，有用性の満足を消費者にもたらす質的な要素である。

ウ 三次品質とは，社会的評価にかかわる質的な要素である。

エ 特許は，既存の物品に新たな考案を加えて，実用上の便利性を増進させた
ものである。

オ 実用新案は，特定の人の考案や発明に対して，独占的，排他的な利用の権
利を与えることである。

解答欄	ア	イ	ウ	エ	オ

第3問 次の文章は，商品分類について述べている。文中の〔　〕の部分
に，下記に示すア～オのそれぞれの語群から最も適当なものを選んで，
解答欄にその番号を記入しなさい。

1. 国や国際的な標準で統一的に決められた分類を〔　ア　〕と呼ぶ。商品と
の関連では，〔　イ　〕がある。

2. 最寄品は，使用頻度，消耗頻度，そして〔　ウ　〕が高く，価格がどこで
も大差なく，経験的に品質や内容をよく知っている商品である。

3.〔　エ　〕は，比較的に高価で，その商品の購買や使用の目的を消費者が
比較的よく知っていて，いくつかの店舗を回って価格や品質を〔　オ　〕し
て購入する商品である。

【語　群】

ア〔1．慣用分類　2．職業分類　3．産業分類　4．制度分類〕

イ〔1．日本標準商品分類　2．日本標準産業分類　3．日本標準職業分類

　　4．用途分類〕

ウ〔1．評判　2．購買頻度　3．品質　4．値段〕

エ〔1．専門品　2．耐久消費財　3．買回品　4．生鮮食料品〕

オ〔1．連想　2．研究　3．実験　4．比較，検討〕

解答欄	ア	イ	ウ	エ	オ

第4問　次のア〜オは，商品の本体要素について述べている。正しいものに
　　　　は1を，誤っているものには2を，解答欄に記入しなさい。

ア　商品において，包丁が「よく切れる」，清涼飲料水が「爽快感の高い」と
　　いうことは，商品要素の機能のことである。

イ　商品のデザインは，商品の二次品質を向上させ，商品の差別化を通して競
　　争を有利に展開していくうえで，重要な手段である。

ウ　よいデザインの商品とは，企業側からみれば，量産しやすく，ディスプレ
　　イしやすいものである。

エ　意匠登録を受けるための意匠は，工業上利用できるもので，独創的な新し
　　いものであるが，公序良俗に関係するものではない。

オ　「グッドデザイン賞」の母体は，1957年に創設された「グッドデザイン商
　　品選定制度（Gマーク制度)」である。

解答欄	ア	イ	ウ	エ	オ

第5問　次のア～オは，商品のブランドについて述べている。正しいものには1を，誤っているものには2を，解答欄に記入しなさい。

ア　ブランドは，消費者へのメッセージを伝え，かつ，想起させるための重要なシグナルである。

イ　ブランドマークは，ブランドの中核をなすもので，商品を効果的に認知，記憶させ，自社商品の選択を優位に導く有効な手段である。

ウ　ブランドネームは，商品本体やあらゆる印刷物につけられ，常に消費者の目に触れ，視覚的な印象を与えるものである。

エ　ブランドは，構築されると，すぐに顧客に浸透し認知されるため，有効な商品戦略の一手段である。

オ　ブランディングとは，ブランドを顧客に認知させるための活動全般を意味する。

解答欄	ア	イ	ウ	エ	オ

解答・解説　本試験形式問題

第1問

【4－3－2－1－2】

　商品の種類も物財（モノ）だけでなく，目に見えない権利なども含まれていることも重要である。

第2問

【1－1－1－2－2】

　品質の3要素の内容，商品の種類のそれぞれの項目について覚えることが重要である。エは，実用新案，オは，特許についての説明である。

第3問

【4－1－2－3－4】

　慣用分類は購買習慣から最寄品，買回品，専門品の3つに分類されるが，現代では，商品の種類別にこの分類に当てはめることが難しくなってきた。

第4問

【2－1－1－2－1】

　アは，商品要素の「性能」である。エは，公序良俗を害さないものである。

第5問

【1－2－2－2－1】

　イは，ブランドネーム，ウは，ブランドマークについての説明である。エは，ブランドが認知されるまでには，時間がかかる。

第2章

マーチャンダイジングの基本

➤重要キーワード補充問題

1 マーチャンダイジングの基本的考え方

（解答☞p.74）

(1)　小売業が商品を品ぞろえし，顧客に対して販売する一連の業務のことを
マーチャンダイジング＝（　①　）と呼んでいる。

(2)　品ぞろえをして販売する業務は，日々繰り返して行われるので，基本的に
は，（　①　）状の（　②　）で表わすことであり，（　③　）活動といわれ
る。

(3)　マーチャンダイジング・サイクルにもとづくチェーンストアにおける本部
の業務活動は，商品計画の策定，（　①　）の策定，（　②　）の策定，仕入
交渉，（　③　），（　④　），棚割，販促企画の立案，店舗への送り込み，で
ある。

(4)　マーチャンダイジング・サイクルにもとづくチェーンストアにおける店舗
の業務活動は，（　①　），保管，（　②　），（　③　），商品管理，（　④　），
である。

(5)　店舗でのその他の付帯業務は，（　①　），（　②　），（　③　），などであ
る。

(6)　棚割表は，一定のゴンドラスペースに，どの商品を，どこの（　①　）に，
どれくらいの（　②　）を割り振って配置すれば，最も（　③　）が高まる
かを検討し，表にまとめたものである。

(7)　値入（マークアップ）は，（　①　）に（　②　）となる一定の額あるい
　　は率を加えて（　③　）を設定する方法である。

(8)　棚割は，主として（　①　）を陳列する（　②　）のスペース配分技術の
　　意味である。

(9)　荷受・検品は，商品の（　①　）とも呼ばれ，本部が（　②　）した商品
　　や店舗が（　③　）した商品を受け入れる業務である。

(10)　小売業界においては，（　①　）と（　②　）を包括的に商品管理と呼ん
　　でいる。

(11)　補充発注は，主として売場にディスプレイされた（　①　）の個々の商品
　　が売れた後，（　②　）が補充するために発注する業務のことである。

(12)　サプライヤーや物流業などが小売業の店舗に商品を届ける業務を（
　　①　），または（　②　）と呼び，それらの商品を受ける店舗側では（
　　③　）と呼んでいる。

---

2 コンビニエンスストア・チェーンにみる マーチャンダイジングの主な機能

（解答☞p.74）

(1)　コンビニエンスストアは，生活必需性が（　①　），消費サイクルは（
　　②　），購買頻度の（　③　）商品（品種）を主体に，最小限の店頭在庫
　　（品目）を網羅するように構成されている。

(2)　品種は，（　①　）といい，その選別や組合せを（　②　）という。

(3)　各商品カテゴリーで扱う個々の商品を（　①　）といい，その選別や組合
　　せと売場の在庫量を（　②　）という。

(4)　店舗全体の商品構成は，（　①　）と（　②　）の二段階で計画される。

(5)　一定期間内に販売数量や売上金額が少なかった品目から順にリストアップ
　　することを（　①　）管理という。

(6)　一定期間内に販売数量や売上金額が多かった品目から順にリストアップす

ることを（　①　）管理という。

⑺　コンビニエンスストアの商品構成の特徴は，（　①　）少量の品ぞろえである。

⑻　発注から次の発注までの時間を（　①　）という。

⑼　発注から荷受までの時間を（　①　）という。

⑽　コンビニエンスストアは，欠品をできる限り防止するために，（　①　）の短縮や（　②　）の短縮に努力が注がれている。

⑾　店舗の後方部分で商品保管場所や事務所のスペースのことを（　①　）という。

⑿　仕入交渉（商談）は，仕入先企業（メーカーや問屋）と（　①　）や（　②　）などを交渉することである。

⒀　検品とは，発注した商品が間違いなく（　①　）されているか，汚損や破損などがないかを（　②　）することである。

⒁　コンビニエンスストア業界では，店別，カテゴリー別の（　①　）納品システムが確立されているため，店内では（　②　）での荷受態勢がとられている。

⒂　納品された商品のバーコードを（　①　）でスキャニングすると，端末画面にその商品の発注数量が表示され，現物商品と照合して（　②　）を行うことができる。

⒃　コンビニエンスストアでは，本部で作成した品種ごとの（　①　）にもとづき，約3,000品目の商品をディスプレイしている。

⒄　欠品の発生は，顧客の（　①　）を失う原因となり，小売業にとっては（　②　）という損失となる。

⒅　コンビニエンスストアにおける在庫管理の重要課題は，精度の高い補充発注によって（　①　）や（　②　）が発生しないようにすることである。

⒆　コンビニエンスストアのオペレーションにおいては，（　①　）を立てて発注し，売上高を計画と比較して（　②　）し，再び計画を立てて発注することが重要である。

⒇ 発注精度が低く（ ① ）が不足すると，（ ② ）が発生して顧客の購買意欲を損ねることになる。

㉑ 発注数量が多すぎると（ ① ）を招き，（ ② ）が低下することになる。

㉒ コンビニエンスストア業界では，発注の伝達ツールとして，（ ① ）などの携帯端末装置を活用している。それには，発注端末としての機能に加えて，（ ② ）の仮説を立てるために必要な情報伝達機能も組み込まれている。

㉓ コンビニエンスストアの物流は，（ ① ）納品を実現した（ ② ）である。

解 答　重要キーワード補充問題

1　マーチャンダイジングの基本的考え方

(1)①商品化政策または商品化計画

(2)①サイクル　　②循環プロセス　　③マーチャンダイジング

(3)①販売計画　　②仕入計画　　③仕入　　④値入，価格設定

(4)①荷受・検品　　②補充　　③ディスプレイ　　④補充発注

(5)①メンテナンス　　②セールスプロモーション　　③物流業務

(6)①位置　　②数量　　③販売効率

(7)①仕入価格　　②利益　　③販売価格　　(8)①定番商品　　②ゴンドラ

(9)①検収業務　　②初期発注　　③補充発注　　(10)①在庫管理　　②商品管理

(11)①定番商品　　②商品担当者　　(12)①配送　　②納品　　③荷受

2　コンビニエンスストア・チェーンにみるマーチャンダイジングの主な機能

(1)①高く　　②短く　　③高い

(2)①商品カテゴリー　　②商品カテゴリー構成

(3)①品目（アイテム）　　②品目（アイテム）構成

(4)①商品カテゴリー構成　　②品目構成

(5)①死に筋商品　　(6)①売れ筋商品　　(7)①多品種少品目

(8)①発注サイクル　　(9)①発注リードタイム

(10)①発注サイクル　　②発注リードタイム

(11)①バックヤード（バックルーム）　　(12)①仕入単位　　②仕入原価

(13)①納品　　②確認　　(14)①一括統合　　②ノー検品

(15)①スキャナーターミナル（ST）　　②検品　　(16)①棚割表

(17)①信用　　②販売機会ロス　　(18)①欠品　　②過剰在庫

(19)①計画（仮説）　　②評価・改善　　(20)①発注数量　　②欠品

(21)①過剰在庫　　②販売効率

⑵①電子発注台帳（EOB）　　②発注数量

⑵①多品種少量多頻度　　②一括統合型物流システム

第2章

マーチャンダイジングの基本
本試験形式問題◀

第1問　次の文章は，マーチャンダイジングの体系について述べている。文中の〔　〕の部分に，下記に示すア～オのそれぞれの語群から最も適当なものを選んで，解答欄にその番号を記入しなさい。

　マーチャンダイジング・サイクルにもとづくチェーンストアにおける本部の業務活動は，〔　ア　〕→販売計画の策定→〔　イ　〕→〔　ウ　〕→〔　エ　〕→値入・価格設定→〔　オ　〕→店舗への送り込み，という構成要素によるサイクル状の循環プロセスで表すことができる。

【語　群】
ア〔1．経営計画　2．マーケティング　3．物流　4．商品計画の策定〕
イ〔1．保管　2．仕入計画の策定　3．商品管理　4．ディスプレイ〕
ウ〔1．検品　2．在庫　3．値付　4．仕入交渉〕
エ〔1．仕入　2．販売　3．荷受　4．補充〕
オ〔1．棚割　2．検収　3．棚割，販促企画の立案　4．廃棄〕

解答欄	ア	イ	ウ	エ	オ

第2問 次の文章は，棚割について述べている。文中の〔 〕の部分に，下記に示すア～オのそれぞれの語群から最も適当なものを選んで，解答欄にその番号を記入しなさい。

棚割とは，主として〔 ア 〕を陳列するゴンドラの〔 イ 〕配分技術のことである。チェーンストアの〔 ウ 〕では，〔 エ 〕によって売価を決定し，〔 オ 〕ごとにゴンドラに陳列する商品の割り付けを行う。その行為を棚割と呼んでいる。

【語 群】

ア〔1．特売商品 2．定番商品 3．目玉商品 4．季節商品〕
イ〔1．スペース 2．売場 3．売上 4．利益〕
ウ〔1．各店舗 2．販売促進部 3．経理部 4．本部〕
エ〔1．粗利益 2．値入 3．経費 4．収入〕
オ〔1．カテゴリー 2．部門 3．単品 4．売場〕

解答欄	ア	イ	ウ	エ	オ

第3問 次のア～オは，マーチャンダイジング全般について述べている。正しいものには1を，誤っているものには2を，解答欄に記入しなさい。

ア POP広告とは，短くわかりやすい言葉で商品の特徴などを書き込み，顧客に訴求する売場での広告である。

イ OJTとは職場外教育訓練という意味である。

ウ　サプライヤーとは，小売業に商品やサービス，そして情報を提供する企業
　　のことである。

エ　ノー検品とは，荷受業務の基本である検品を行わないことをいう。

オ　店頭在庫とは，販売するために，小売店の店先に補充，ディスプレイされ
　　た一部の商品のことである。

解答欄	ア	イ	ウ	エ	オ

第4問　次のア～オは，コンビニエンスストアのマーチャンダイジングの機
　　　　　能について述べている。正しいものには1を，誤っているものには2
　　　　　を，解答欄に記入しなさい。

ア　各商品カテゴリーで扱う個々の商品のことを品種といい，その選別や組合
　　せと売場の在庫量が品種構成である。

イ　コンビニエンスストアでは，商品カテゴリー構成と品目構成を主に本部が
　　編成し，それにもとづいて店舗では，売場づくりを進めている。

ウ　POSシステムから得られるPOSデータのうち最もよく活用されるのは，
　　商品カテゴリー別の死に筋商品管理，売れ筋商品管理などのレポートである。

エ　死に筋商品管理は，一定期間内に販売数量や売上金額が多かった品目から
　　順にリストアップする。

オ　死に筋商品管理，売れ筋商品管理とも，ある一定の商品カテゴリーごとに
　　集計し，リストアップする。

解答欄	ア	イ	ウ	エ	オ

第5問 次の文章は，コンビニエンスストアの仕入計画について述べている。文中の〔　〕の部分に，下記に示すア〜オのそれぞれの語群から最も適当なものを選んで，解答欄にその番号を記入しなさい。

1．発注サイクルとは，発注から次の〔　ア　〕までの時間をいい，発注リードタイムは，発注から〔　イ　〕までの時間である。

2．コンビニエンスストアでは，仕入先企業を選ぶ際にも，〔　ウ　〕少量在庫型の仕入形態に対応できることが必須要件となる。

3．コンビニエンスストアチェーンでは，〔　エ　〕ごとに1日のうちの発注回数や発注時間帯が決められた〔　オ　〕発注システムを採用している。

【語　群】

ア〔1．補充　2．仕入　3．発注　4．販売〕

イ〔1．荷受　2．検品　3．棚卸　4．販売促進〕

ウ〔1．多品種多品目　2．少品種少品目　3．少品種多品目
　　4．多品種少品目〕

エ〔1．店舗　2．商品カテゴリー　3．売場　4．棚〕

オ〔1．定期　2．随時　3．不定期　4．適宜〕

解答欄	ア	イ	ウ	エ	オ

解答・解説　本試験形式問題

第1問

【4－2－4－1－3】

　マーチャンダイジングは，小売業の幅広い業務分野に及ぶ総合的機能であって，単なる品ぞろえ機能ではない。

第2問

【2－1－4－2－3】

　棚割は，棚割表を本部で作成し，全店舗がそれにもとづき，同一商品を棚スペースの同一場所に陳列することである。

第3問

【1－2－1－1－2】

　イは，職場内教育訓練のことで，職場で実習訓練する教育方法である。オは，店頭在庫とは，小売店の店先だけでなく売場に補充，ディスプレイされたすべての商品のことである。

第4問

【2－1－1－2－1】

　アは，品種でなく，品目（アイテム）といい，品目（アイテム）構成である。品種は，商品カテゴリーのことである。エは，少なかった品目から順にリストアップすることである。多かった品目から順にリストアップするのは，「売れ筋商品管理」である。

第5問

【3－1－4－2－1】

　コンビニエンスストアは，多品種少品目少量の品ぞろえを維持していくため

の仕入計画の特徴がある。そのひとつが発注システムである。

第3章

商品計画の基本

➤重要キーワード補充問題

1　商品計画の基本知識　　　　(解答☞p.84)

⑴　マーチャンダイジングの出発点となる（　①　）における基本は，まず顧客（　②　）に的確に応えることである。

⑵　商品計画とは，（　①　）に的確に応え，顧客から（　②　）されるように，（　③　）に一定の（　④　）や（　⑤　）を保持して商品構成することである。

⑶　顧客の絞り込みは，競争する小売店との（　①　）の違いをアピールすることが可能となり，（　②　）と呼んでいる。

⑷　商品構成の基本は，階層状に一定の分類基準にもとづいて，大分類，中分類，小分類という順に細分化しながら，階層ごとに（　①　）を構成し，次に小分類で扱う商品カテゴリーごとの（　②　）を行うことである。

⑸　商品カテゴリーを考慮しないで品目構成を行うと，商品間の（　①　）や（　②　）が失われ，売場は（　③　）ではなく，単に（　④　）を集めただけの場になってしまう。

⑹　補充発注とは，（　①　）の商品が減少した場合に，商品を（　②　）することである。

⑺　商品カテゴリー構成は品ぞろえの（　①　），品目構成は品ぞろえの（　②　）という表現におきかえられる。

⑻　品ぞろえの幅を広げることを商品構成の（　①　），狭めることを商品構

成の（　②　）ともいう。

(9)　品ぞろえの幅が絞り込まれていても，（　①　）に計画性が欠けていたの
では単なる（　②　）になってしまう。

(10)　専門店は，品ぞろえの幅と奥行の双方が，計画的に（　①　）構成されて
いなければならない。

(11)　専門店には，品ぞろえを通じて顧客に（　①　）する力や商品に関する従
業員の専門的知識，（　②　）セールスなどの能力も求められる。

(12)　品ぞろえの幅と奥行をどのように構成すべきかは，店舗の販売スペースと
の（　①　）が密接であり，小規模の売場の店舗では，幅を絞り込んで（
②　）し，その分，（　③　）品ぞろえしたほうが特徴を明確にできる。

解 答　重要キーワード補充問題

1　商品計画の基本知識

(1)①商品計画策定　　②ニーズ

(2)①顧客ニーズ　　②満足　　③計画的　　④連続性　　⑤関連性

(3)①品ぞろえ　　②差別化（顧客の絞り込み）政策

(4)①商品カテゴリー　　②品目構成

(5)①連続性　　②関連性　　③品ぞろえ　　④商品

(6)①売場在庫　　②再発注　　(7)①幅（Width）　　②奥行（Depth）

(8)①総合化　　②専門化　　(9)①奥行　　②専業（業種）店

(10)①マトリックス　　(11)①生活提案　　②コンサルティング

(12)①関連性　　②専門化　　③深く

第3章

商品計画の基本

本試験形式問題◀

第1問　次の文章は，商品計画の意義について述べている。文中の〔　　〕の部分に，下記に示すア〜オのそれぞれの語群から最も適当なものを選んで，解答欄にその番号を記入しなさい。

　小売業の商品計画とは，ターゲットと定めた顧客の〔　ア　〕に的確に応えるための商品を〔　イ　〕し，〔　ウ　〕に一定の連続性や〔　エ　〕を保持して，〔　オ　〕することである。

【語　群】

ア〔1．商品　2．提案　3．クレーム　4．ニーズ〕

イ〔1．選別　2．開発　3．推奨　4．拡大〕

ウ〔1．画一的　2．継続的　3．計画的　4．一時的〕

エ〔1．網羅性　2．関連性　3．普遍性　4．不規則性〕

オ〔1．ターゲティング　2．棚割　3．商品構成　4．陳列〕

解答欄	ア	イ	ウ	エ	オ

第2問 次の文章は，差別化政策について述べている。文中の〔　〕の部分に，下記に示すア～オのそれぞれの語群から最も適当なものを選んで，解答欄にその番号を記入しなさい。

　小売業において差別化政策は，〔　ア　〕ばかりでなく，〔　イ　〕や販売方法など，さまざまな側面からアプローチできる。特にアの差別化の〔　ウ　〕を小売業の〔　エ　〕として打ち出したものを〔　オ　〕コンセプトという。

【語　群】

ア〔1．店舗構成　2．商品構成　3．売場構成　4．単品構成〕

イ〔1．ターゲット　2．顧客　3．他店　4．価格〕

ウ〔1．方向性　2．ニーズ　3．商圏　4．宣伝〕

エ〔1．ブランド　2．商品　3．業態　4．方針〕

オ〔1．顧客　2．戦略　3．品ぞろえ　4．戦術〕

解答欄	ア	イ	ウ	エ	オ

第3問 次のア～オは，商品構成について述べている。正しいものには1を，誤っているものには2を，解答欄に記入しなさい。

ア　商品構成では，商品カテゴリーを考慮しなくても，品目構成がしっかり行われれば商品間に連続性や関連性が保たれ，比較選択購買や関連購買が可能となる。

イ　補充発注とは，商品が購買されると，売場在庫としての商品が減少するた

めに商品を再発注することである。

ウ　商品カテゴリー構成は品ぞろえの奥行，品目構成は品ぞろえの幅という表現に置き換えることができる。

エ　店舗は，単に品ぞろえの幅を絞り込んで専門化をはかれば，専門店として位置づけられる。

オ　専門店は，顧客への生活提案する力や商品に関する従業員の専門的知識，コンサルティングセールスなどの能力が求められる。

解答欄	ア	イ	ウ	エ	オ

解答・解説 本試験形式問題

第1問

【4－1－3－2－3】

　商品計画（品ぞろえ計画）は，マーチャンダイジングの出発点であり，売場をつくるときの原点である。

第2問

【2－4－1－4－3】

　差別化（顧客の絞り込み）政策は，店舗の品ぞろえの特徴が明確になるとともに，競争店との品ぞろえの違いをアピールすることも可能である。

第3問

【2－1－2－2－1】

　商品構成の基本と手順，品ぞろえの幅と奥行，総合化と専門化に関する出題である。アは，商品カテゴリーを考慮しないで，品目構成を行うと，売場は単に品集めしただけの場である。ウは，逆である。商品カテゴリー（品種）構成が品ぞろえの幅，品目構成が品ぞろえの奥行である。エは，品ぞろえの幅を絞り込んでも，奥行に計画性が欠けていたのでは，単なる専業（業種）店である。品ぞろえの幅を広げることが「総合化」，狭めることが「専門化」である。

第4章
販売計画および仕入計画などの基本
➤重要キーワード補充問題

1 販売計画策定の基本知識 （解答☞p.93）

(1) 販売計画とは，売上高を伸ばし，（　①　）を増やしたい願望を具体的な（　②　）に盛り込んだものである。

(2) 販売計画の構成内容は，（　①　）を軸に，（　②　），（　③　）や売場配置計画，（　④　），（　⑤　）などのさまざまな計画が附帯する。

(3) 販売計画の主体となる売上計画は，（　①　）の販売方針と販売目標を設定することである。

2 仕入計画策定の基本知識 （解答☞p.93）

(1) 仕入活動は，（　①　）と連動した業務である。

(2) 仕入は，原則として（　①　）にもとづいて行われる。

(3) 販売計画が曖昧で，実現可能性の乏しい（　①　）設定であると，効果的な（　②　）は望めない。

(4) 仕入計画は，（　①　）にもとづいて金額ベースの仕入枠，すなわち（　②　）によって管理している。

3 仕入業務の基本知識 （解答☞p.93）

(1) 仕入先企業に求められる取引条件は，商品の（　①　），契約どおりの確実な（　②　），（　③　）の指導・助言，的確な（　④　）の提供，販促ツールなどの（　⑤　）の提供である。

(2) 仕入方法には，（　①　）と（　②　）の2つがある。

(3) 大量仕入は，一度に大量（　①　）することから，事務手続きも簡略的であり，（　②　）の低減が可能となる。しかし，仕入れた商品が売れなければ在庫数量が増加し，（　③　）を圧迫する。

(4) 随時仕入は，随時に発注する方法にて，手持ち在庫量が少なくてすみ，（　①　）では有利な方法といえる。しかし，発注を頻繁に行うため，発注業務に（　②　）と（　③　）がかかる。

(5) 総合品ぞろえスーパーやスーパーマーケットなど（　①　）をとる小売業が採用しているのが，（　②　）である。

(6) 百貨店や専門店で採用しているのが，（　①　）ごとの（　②　）の仕入である。

(7) 集中仕入（セントラルバイング）の効果は，（　①　）の低減をはかれる，一括大量仕入によって有利な（　②　）を得られる，全社的に（　③　）のとれた販売促進や在庫管理ができる。

(8) 集中仕入（セントラルバイング）の問題点は，流行品やファッション商品では，的確な（　①　）が困難なことから集中仕入の（　②　）を得るのがむずかしい。

(9) 本部の一括大量仕入は，各店舗の（　①　）に合致した商品の導入がむずかしい。

(10) 大量仕入は，見込み違いから多大な（　①　）が生じる恐れがある。

4 棚割とディスプレイの基本知識 (解答☞p.93)

(1) 棚割とディスプレイの巧拙は，店舗の（　①　）や（　②　）を大きく左右する影響力を持っている。

(2) 棚割は，（　①　）方式を採用するチェーンストアを中心に，関心が高まっている。

(3) メーカーにとっては，売場における棚割の巧拙によって自社製品の（　①　）が決定する。

(4) インストアシェアは，小売店の（　①　）の売場における特定メーカー商品の（　②　）のことである。

(5) 棚割とは，ゴンドラ（棚）スペースの中で多種多様な（　①　）を顧客が発見しやすく，かつ，比較・選択しやすいように，計画的に分類・（　②　）する前段階の業務である。

(6) 小売店は，（　①　）をゴンドラの中で最も目立つ位置に広く（　②　）をとる傾向がある。

(7) 商品を補充する際は，（　①　）にもとづいて行う。

(8) 売場の発注や在庫管理を担当する（　①　）は，自己の意思で勝手に（　②　）を変更してはならない。

5 物流の基本知識 (解答☞p.94)

(1) 小売業の物流は，（　①　）・販売物流・（　②　）・返品物流の4つの基本機能に分けられる。

(2) 調達物流は，（　①　）から（　②　）の店舗に商品を届ける物流活動である。

(3) 販売物流は，（　①　）と（　②　）との商品の受渡しに関する物流活動である。

(4) 社内間移動物流は，社内の店舗間で商品移動したり，（　①　）から（

② ）に戻すときの物流活動である。

(5) 返品物流は，（ ① ）や（ ② ）から（ ③ ）に商品を返品する物
流活動である。

(6) 多頻度小口（少量）配送は，小売店が売場の（ ① ）をできるだけ抑え，
（ ② ）を高めるための配送手段である。

(7) 小売業の物流では，必要な商品を，必要なときに，必要な量だけ，必要な
場所に納入する（ ① ）が定着している。

(8) 保管機能は，（ ① ）から（ ② ）へと進化している。

(9) 倉庫は，（ ① ）防止，（ ② ）・破損・汚染防止，（ ③ ）（在庫）
など，貯蔵としての保管機能だけである。

(10) 物流センターは，貯蔵としての保管，（ ① ），（ ② ），（ ③ ），
（ ④ ）など，貯蔵プラスα機能がある。

解　答　重要キーワード補充問題

1　販売計画策定の基本知識

(1)①利益　　②活動計画

(2)①売上計画　　②商品展開計画　　③部門別計画　　④販売促進計画
　　⑤キャンペーンなどの実施計画　　(3)①1年間

2　仕入計画策定の基本知識

(1)①販売活動　　(2)①販売計画　　(3)①目標　　②仕入活動

(4)①販売計画　　②仕入予算

3　仕入業務の基本知識

(1)①安定供給　　②履行　　③経営上　　④市場情報　　⑤サービス

(2)①大量仕入　　②随時仕入

(3)①発注　　②事務処理コスト　　③資金繰り

(4)①資金面　　②時間　　③コスト

(5)①チェーンオペレーション　　②集中仕入（セントラルバイング）

(6)①店舗　　②独自　　(7)①仕入原価　　②仕入条件　　③統制

(8)①補充発注（予測）　　②メリット　　(9)①立地（エリア）特性

(10)①在庫ロス

4　棚割とディスプレイの基本知識

(1)①売上　　②利益　　(2)①セルフサービス販売

(3)①売れ行き（インストアシェアの拡大）　　(4)①特定　　②占有率

(5)①商品（単品）　　②配置　　(6)①売れ筋商品　　②スペース

(7)①棚割表　　(8)①従業員　　②棚割

5　物流の基本知識

(1)①調達物流　　②社内間移動物流　　(2)①仕入先企業　　②小売業

(3)①小売店　　②消費者　　(4)①店舗　　②物流センター

(5)①店舗　　②物流センター　　③仕入先企業　　(6)①在庫　　②販売効率

(7)①ジャスト・イン・タイム物流　　(8)①倉庫　　②物流（流通）センター

(9)①盗難　　②劣化　　③一時保管

(10)①仕分け　　②流通加工　　③荷役　　④情報処理

第4章
販売計画および仕入計画などの基本
本試験形式問題◀

第1問　次のア～オは，販売計画の内容について述べている。正しいものには1を，誤っているものには2を，解答欄に記入しなさい。

ア　販売計画とは，売上高や利益を増やしたい願望を具体的な活動計画に盛り込んで作成することである。

イ　販売計画の主体となるのが売上計画で，1年間の販売方針と販売目標を設定する。

ウ　販売促進計画では，いつ，何を，どのように売っていくかを策定する。

エ　商品展開計画では，売場や店舗でのイベント，広告活動に関することが盛り込まれる。

オ　キャンペーンなどの実施計画は，メーカーなどのサプライヤーとの協働により行われるものがある。

解答欄	ア	イ	ウ	エ	オ

第2問 次の文章は，仕入計画の策定について述べている。文中の〔　〕の部分に，下記に示すア～オのそれぞれの語群から最も適当なものを選んで，解答欄にその番号を記入しなさい。

　小売業の仕入計画は，販売目標を明記した〔　ア　〕にもとづき，〔　イ　〕ごとに仕入先企業の選定，仕入方法，仕入時期および仕入数量などに関する全体の仕入方針とその〔　ウ　〕を年間，半期，四半期，月別などに策定する。策定にあたっては，〔　エ　〕における過去の仕入および販売実績と〔　オ　〕の変化などを考慮することが重要である。

【語　群】

ア〔1．経営計画　2．販売計画　3．人員計画　4．在庫計画〕

イ〔1．商品カテゴリー　2．棚　3．地区　4．売場〕

ウ〔1．予測　2．補充　3．業務　4．実行計画〕

エ〔1．他社　2．メーカー　3．自店　4．サプライヤー〕

オ〔1．人口　2．市場環境　3．天候　4．習慣〕

解答欄	ア	イ	ウ	エ	オ

第3問 次のア～オは，仕入計画の策定，仕入予算管理について述べている。正しいものには1を，誤っているものには2を，解答欄に記入しなさい。

ア　仕入計画の前提として，販売計画が曖昧であったり，実現可能性の乏しい目標設定では，効果的な仕入活動は望めない。

イ 仕入計画は，販売計画にもとづいて金額ベースの仕入枠，すなわち仕入予算によって管理するのが一般的な方法である。

ウ 仕入予算は，販売計画にズレが生じた場合でも，当初の計画どおりに行うことが必要である。

エ 狭義の仕入活動は，仕入業務と補充発注の作業として位置づけられる。

オ 欠品とは，定番商品がバックヤードで品切れになっている状態のことである。

解答欄	ア	イ	ウ	エ	オ

第4問 次の文章は，仕入形態について述べている。文中の〔　〕の部分に，下記に示すア～オのそれぞれの語群から最も適当なものを選んで，解答欄にその番号を記入しなさい。

セントラルバイングは，総合品ぞろえスーパーやスーパーマーケットなど，〔　ア　〕をとる小売業が採用している。セントラルバイングによる効果としては，①〔　イ　〕の低減をはかれる。②一括大量仕入によって有利な〔　ウ　〕を得られる。③全社的に〔　エ　〕のとれた販売促進や〔　オ　〕ができる。

【語　群】

ア〔1．独自仕入　2．フランチャイズチェーン　3．ボランタリーチェーン　4．チェーンオペレーション〕

イ〔1．仕入原価　2．人件費　3．保管費用　4．在庫〕

2 マーチャンダイジング

ウ〔1．場所　2．人員　3．仕入条件　4．市場環境〕

エ〔1．平均　2．無駄　3．利益　4．統制〕

オ〔1．人事管理　2．在庫管理　3．売上管理　4．経営管理〕

解答欄	ア	イ	ウ	エ	オ

第5問　次のア～オは，棚割とディスプレイの基本について述べている。正しいものには1を，誤っているものには2を，解答欄に記入しなさい。

ア　棚割とは，小売店の特定の場所における特定メーカー商品の占有率のことである。

イ　インストアシェアとは，棚スペースの中で多種多様な商品を，効率的に分類するディスプレイの技術である。

ウ　棚割戦略とは，棚スペース全体の商品が一部に偏ることなく，できるだけ多く売れるようにスペースを配分することである。

エ　棚割変更は，棚割表やディスプレイ台帳などを保管して行われる。

オ　フェイシングとは，単品ごとに商品の売れ方が違うので，それぞれを縦・横にいくつ並べるかというスペース配分のことである。

解答欄	ア	イ	ウ	エ	オ

解答・解説 本試験形式問題

第1問

【1－1－2－2－1】

ウが，商品展開計画，エが，販売促進計画についての説明である。

第2問

【2－1－4－3－2】

仕入計画の策定では，的確な販売計画をつくることが重要となる。

第3問

【1－1－2－1－2】

ウは，販売計画にズレが生じた場合は，当初の計画にこだわることなく，臨機応変に変更する必要がある。オは，バックヤードではなく，売場である。

第4問

【4－1－3－4－2】

仕入形態は，「集中仕入（セントラルバイング）」と百貨店や専門店などの「店舗ごとの独自仕入」がある。

第5問

【2－2－1－1－1】

アの棚割の説明と，イのインストアシェアの説明が逆である。

第5章

価格設定の基本

➤重要キーワード補充問題

1 価格の設定要因と価格政策 （解答☞p.103）

(1) 価格設定の方法には，コストに応じた価格設定法の（ ① ），地域需要に対応した価格設定法の（ ② ），（ ③ ）を意識した価格設定法の3つがある。

(2) コストプラス法は，仕入原価に（ ① ）と（ ② ）をプラスして販売価格とする売り手都合の価格である。

(3) マーケットプライス法は，一定の（ ① ）ごとに消費者の立場で価格を設定し，消費者にとって買いやすい（ ② ）のある価格である。

(4) 競争を意識した価格設定法は，競争店に負けないように自店の価格を設定し，ある商品に関しては，競争店より（ ① ）価格である。

(5) どのような顧客に対しても通常の価格で販売する政策は，（ ① ）である。

(6) 売価の末尾に8，9などの数字を使い，販売数量を増加するのが，（ ① ）政策である。

(7) 高級品・中級品・普及品と3段階のクラスを設けるのが，（ ① ）政策である。

(8) 商品価格が心理的に浸透し，馴染んでしまった価格が，（ ① ）である。

(9) 高価格を設定して，高品質であることを顧客に連想させる価格が，（ ① ）である。

⑽　通常の価格から，いくらかの金額を差し引いて販売することを，（
　　①　）という。

⑾　シーズンの終わりなどに用いられ，100円均一など原価の異なる商品に対
　　して同一の低価格をつける価格が，（　①　）政策である。

⑿　目玉商品など特定の商品に著しく安い価格を設定する価格が，（　①　）
　　政策である。

⒀　売れ残り商品やはんぱ物，傷物などを著しく安い価格を設定する価格が，
　　（　①　）政策である。

⒁　転売するとき，市場の価格が維持されることを目的に行われる行為が（
　　①　）行為である。

⒂　販売価格と比較対照価格の両者を並べて価格表示することを（　①　）表
　　示という。

⒃　メーカーの希望小売価格でなく，小売業などが自主的に販売価格を決定し，
　　表示する価格が（　①　）である。

⒄　100グラム○○円などの単位当たりの換算価格が，（　①　）表示である。

2 売価設定の基本　　　　　　（解答☞p.103）

⑴　売価とは，販売する商品につける（　①　）の略称のことである。

⑵　小売業は，地域の（　①　）や競争店の売価設定状況，商品の（　②　）
　　などを総合的に勘案して売価を決定する。

⑶　新商品や新機軸の革新的商品，流行品などの（　①　）は，（　②　）の
　　価格を設定し，時間の経過に従って，（　③　）を引き下げる。

⑷　小売業界における戦略的な価格設定は，（　①　）と（　②　）の2つで
　　ある。

⑸　ハイ・ロープライス政策は，アメリカのスーパーマーケット業界が行って
　　いる価格政策で，週間単位で定番商品を通常価格と（　①　）価格に上げ下
　　げしながら利益の（　②　）をとるねらいがある。

(6)　ある店舗で１年間買物をしたとき，他のどの店舗よりもトータルの購入金額が低くなる価格設定が，（　①　）（恒常的超低価格）である。

(7)　ナショナルブランドの生活必需品を目玉商品として，一定期間に限ってきわめて低い価格をつける売価設定が（　①　）である。

(8)　すべての売価を均一価格で設定し，心理的効果と販売促進効果を併せ持つ売価設定が（　①　）である。

(9)　同じ商品でも，１個よりも２個買ったほうが安く，箱単位であればもっと安いというように，複数の値段を表示した売価設定が，（　①　）である。

■ 3　利益の構造

（解答☞p.103）

(1)　売価とは，値札に表示されている（　①　）である。

(2)　原価とは，仕入れた商品の原価という意味で（　①　）という。

(3)　利益とは，店舗の（　①　）をいう。売上高に対しての利益をさす。

(4)　粗利益は，売上高−（　①　）で求められる。

(5)　小売業界では，販売価格を（　①　）と呼んでいる。

(6)　小売業では，粗利益とともに（　①　）が重要視されている。

(7)　値入高および値入率は，（　①　）に計画した利益のことである。

(8)　粗利益高および粗利益率（売上高総利益率）は，（　①　）に実現した利益のことである。

(9)　粗利益のことを，売上総利益または（　①　）という。

(10)　粗利益高は，さまざまなロスや値引高を除いたあとの（　①　）である。

(11)　仕入から販売に至るまでに値下やロスが発生することから，その分だけ（　①　）は（　②　）よりも低くなる。

(12)　売上高に対する粗利益高の割合を（　①　）という。

(13)　店舗の（　①　）を判断する場合は，売上高の大小も重要であるが，（　②　）や（　③　）が重要な判断基準となる。

解　答　重要キーワード補充問題

1　価格の設定要因と価格政策

(1)①コストプラス法　　②マーケットプライス法　　③競争

(2)①諸コスト　　②利益　　(3)①地域　　②値頃感　　(4)①安い

(5)①正札政策（通常価格）　　(6)①端数価格

(7)①段階価格（階層価格）　　(8)①慣習価格

(9)①名声価格　　(10)①割引　　(11)①均一価格　　(12)①特別価格

(13)①見切価格　　(14)①再販売価格維持　　(15)①二重価格

(16)①オープン価格　　(17)①単位価格

2　売価設定の基本

(1)①販売価格　　(2)①需要動向　　②ライフサイクル

(3)①導入期　　②高め　　③売価

(4)①ハイ・ロープライス　　②エブリディ・ロープライス

(5)①値下　　②バランス　　(6)①エブリディ・ロープライス

(7)①ロスリーダー・プライス　　(8)①ワンプライス（単一価格）

(9)①一物多価（割引）

3　利益の構造

(1)①販売価格　　(2)①仕入原価　　(3)①儲け　　(4)①仕入原価　　(5)①売価

(6)①値入高　　(7)①仕入時　　(8)①販売時　　(9)①差益　　(10)①利益

(11)①粗利益高　　②値入高　　(12)①粗利益率

(13)①成績　　②利益額　　③利益率

第5章

価格設定の基本

本試験形式問題◀

第1問 次のア～オは，価格設定，価格政策について述べている。正しいものには1を，誤っているものには2を，解答欄に記入しなさい。

ア　コストプラス法とは，買い手のことを考慮した価格設定法である。

イ　マーケットプライス法とは，消費者にとって買いやすい値頃感のある価格を設定する方法である。

ウ　端数価格政策とは，売価の末尾に8，9などの数字を使って安い印象を与える価格政策である。

エ　段階価格政策とは，販売価格に品質や品格によってクラスを設ける価格政策である。

オ　名声価格政策は，低価格設定によって，ライバル店より安い価格を設定する政策である。

解答欄	ア	イ	ウ	エ	オ

第2問 次のア〜オは，売価設定の基本について述べている。正しいものには1を，誤っているものには2を，解答欄に記入しなさい。

ア エブリディ・ロープライスは，週間単位で定番商品の売価を上げたり下げたりする価格政策である。

イ ハイ・ロープライスは，毎日，継続的に競争店を上回る低価格で販売し続ける価格政策である。

ウ 一物多価とは，1個よりも2個買ったほうが安い，箱単位であればもっと安いといったように，複数の値段を表示する売価設定である。

エ ワンプライスとは，店内あるいは特定売場内の商品すべての売価を均一価格で設定した売価設定である。

オ ロスリーダー・プライスとは，目玉商品など，一定期間に限ってきわめて低い価格をつける売価設定である。

解答欄	ア	イ	ウ	エ	オ

第3問 次のア〜オは，値入と粗利益について述べている。正しいものには1を，誤っているものには2を，解答欄に記入しなさい。

ア 値入高および値入率は販売時に実現した利益のことである。

イ 粗利益高とは，実際に商品を販売したときに得られる利益額のことである。

ウ 値入は，仕入れた商品にいくらかの利益を上乗せして売価を決めることである。

エ 実際に商品を販売して得られた粗利益高は，通常，値入高よりも高くなる。

オ 粗利益高は，仕入原価にロス高と値引高を加算したものを，売上高から減算して求められる。

解答欄	ア	イ	ウ	エ	オ

第4問 次のア〜オは，利益の構造について述べている。正しいものには1を，誤っているものには2を，解答欄に記入しなさい。

ア 仕入原価3,000円，売価4,000円の場合，平均値入率は25％である。

イ 粗利益率30％，粗利益高4,500円の場合，売上高は13,500円である。

ウ 売価6,250円，仕入原価5,000円の場合，売価値入率は25％である。

エ 仕入数量30個，売価4,000円，原価3,600円の場合，平均値入率は12％である。

オ 仕入原価20,000円，ロス高2,000円，値引高500円，売上高28,000円の場合，粗利益高は5,500円である。

解答欄	ア	イ	ウ	エ	オ

解答・解説 本試験形式問題

第1問

【2－1－1－1－2】

アは，買い手のことを考慮したではなく，売り手都合の価格設定法である。オは，名声価格政策は，高価格設定によって，高品質であることを連想させる価格政策である。

第2問

【2－2－1－1－1】

アは，ハイ・ロープライス，イは，エブリディ・ロープライスの説明である。エブリディ・ロープライス（恒常的超低価格）は，顧客がある店舗で1年間買物をしたとき，他のどの店舗よりもトータルの購入金額が低くなる価格政策である。

第3問

【2－1－1－2－1】

アは，販売時に実現した利益ではなく，仕入時に計画した利益である。エは，高くではなく低くなる。

第4問

【1－2－2－2－1】

計算問題の学習は，文章問題の理解に役立つので大切である。

イは，15,000円である。$4,500 \div 0.3 = 15,000$

ウは，20％である。$6,250 - 5,000 = 1,250$ $1,250 \div 6,250 = 0.2$
$0.2 \times 100 = 20\%$

エは，10％である。$30 \times 4,000 = 120,000$ $30 \times 3,600 = 108,000$
$120,000 - 108,000 = 12,000$ $12,000 \div 120,000 = 0.1$ $0.1 \times 100 = 10\%$

2 マーチャンダイジング

（アは，4,000－3,000＝1,000　　1,000÷4,000＝0.25　　0.25×100＝25%）

（オは，20,000＋2,000＋500＝22,500　　28,000－22,500＝5,500）

第6章

在庫管理の基本

➤重要キーワード補充問題

1　在庫管理の基本知識

（解答☞p.112）

(1)　過剰在庫は，資金の（　①　）が低下し，小売業の（　②　）が悪化する。また売れ残ってしまうと，（　③　）処分を考慮しなければならない。

(2)　在庫が増えると保管場所の（　①　）が必要となるだけでなく，新製品への切り替えを逸して，店舗間の（　②　）を低下させることになる。

(3)　過少在庫は，欠品が発生し，販売機会の（　①　）につながり，仕入先企業や顧客からも，商品の（　②　）レベルが低く，あの店は信用できないと判断されてしまう。

(4)　在庫管理の目的は，仕入に投資する（　①　）を有効に運用して，（　②　）の源泉となるよう管理することである。

(5)　在庫管理の業務は，将来の（　①　）を的確に予測し，適正な（　②　）に適正な数量を発注し，適正な価格または原価で確保し，適正な在庫レベルを（　③　）することである。

(6)　在庫管理の業務は，（　①　）管理や（　②　）管理などの業務と有機的に連動している。

(7)　在庫管理の体系は，総枠管理・（　①　）・重点管理・（　②　）で構成される。

(8)　総枠管理は，（　①　）にもとづいて（　②　）が決まれば，それを達成するために，いつ，どれくらいの量の仕入れが必要なのかを総枠で決定する。

(9) 単品管理は，（　①　）や（　②　）を起こさないために，どのような方法で発注すればよいかを決定する。

(10) 重点管理は，在庫を（　①　），（　②　）に管理するためにはどうするかを検討する。

(11) 入出庫管理は，商品の入庫や出庫の動きを確実に把握し，円滑に（　①　）を（　②　）していく必要がある。

(12) 在庫管理の方法は，金額による在庫管理である（　①　），数量による在庫管理である（　②　）の2つがある。

(13) ダラーコントロールだけでは，個々の売れ筋商品の販売動向などが十分に把握できないことから，（　①　）も必要となる。

(14) ダラーコントロールを（　①　）のがユニットコントロールである。

(15) ユニットコントロールは，（　①　）ごとに，どこの店舗で，どのような（　②　）が何個売れたかを把握することである。

(16) 商品回転率は，商品の仕入れに投下した（　①　）の資本効率や販売効率をはかるもので，一定期間に仕入れた商品が（　②　）したかを表わしている。

(17) 商品回転率が高いほど，投下した（　①　）を早く回収でき，資本効率が（　②　）といえる。

(18) 売れ行きのよい商品は，在庫期間が（　①　），商品回転率は（　②　）ことを示し，売れ行きの悪い商品は，商品回転率は（　③　）ことを示している。

2 データによる在庫管理　（解答☞p.112）

(1) 商品回転率（回）は，（　①　）を（　②　）でわって算出する。

(2) 商品回転期間（日）は，（　①　）を（　②　）でわって算出する。

(3) 商品回転期間は，今日仕入れた商品が（　①　）に売れるかという（　②　）に要する日数を表わす。また，（　③　）の売上高に対して何日分の

在庫を持っているのかを表わす。

(4) 交差比率は，（　①　）に（　②　）を掛けた数値で，在庫の生産性を表わして数値が（　③　）ほど商品の販売効率がよいことを示す。

解 答　重要キーワード補充問題

1　在庫管理の基本知識

(1)①流動性　　②資金繰り　　③廃棄　　(2)①スペース　　②競争力

(3)①ロス　　②管理　　(4)①資金　　②利益

(5)①需要　　②時期　　③維持　　(6)①仕入　　②販売

(7)①単品管理　　②入出庫管理　　(8)①販売予測　　②目標売上高

(9)①過剰在庫　　②過少在庫　　(10)①効率的　　②合理的

(11)①在庫　　②コントロール

(12)①ダラーコントロール　　②ユニットコントロール

(13)①ユニットコントロール　　(14)①補う　　(15)①品種　　②品目

(16)①資本　　②何回転　　(17)①資本　　②高い

(18)①短く　　②高い　　③低い

2　データによる在庫管理

(1)①年間売上高　　②商品在庫高（売価）

(2)①1年間（365日）　　②商品回転率

(3)①何日後　　②販売　　③1日

(4)①粗利益率　　②商品回転率　　③高い

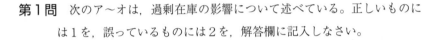

第6章

在庫管理の基本

本試験形式問題◀

第1問　次のア～オは，過剰在庫の影響について述べている。正しいものに
　　　　は1を，誤っているものには2を，解答欄に記入しなさい。

ア　販売機会のロスや品ぞろえができておらず，あの店は信用できないと判断
　　される。

イ　緊急の発注により，単価の高い商品を購入しなければならない。

ウ　新たに倉庫の賃借料や建設費が発生したり，新商品への切り替えのタイミ
　　ングを逸する。

エ　資産が増加し，資金の流動性が低下し，資金繰りを悪化させることになる。

オ　欠品によるトラブル処理に時間をとられ，本来の業務に手が回らず販売効
　　率がより低下する。

解答欄	ア	イ	ウ	エ	オ

第2問 次の文章は，在庫管理の目的について述べている。文中の〔　〕の部分に，下記に示すア～オのそれぞれの語群から最も適当なものを選んで，解答欄にその番号を記入しなさい。

　小売業経営において在庫管理の目的は，仕入に投資する〔　ア　〕を有効に運用して，〔　イ　〕の源泉となるように管理することである。安全で〔ウ　〕した経営を行うためには，在庫が与えるマイナス要因をいかに〔エ　〕に抑えるかが重要な課題であり，そのためには，在庫の量を常に〔オ　〕なだけ保有しておくことが大切であり，その役割を担うのが在庫管理である。

【語　群】

ア〔1．人員　2．商品　3．情報　4．資金〕
イ〔1．売上　2．利益　3．経費　4．活力〕
ウ〔1．独立　2．成長　3．安定　4．納得〕
エ〔1．最小限　2．具体的　3．迅速　4．一定〕
オ〔1．必要　2．十分　3．余分　4．過大〕

解答欄	ア	イ	ウ	エ	オ

第3問 次のア～オは，経営計画と在庫管理について述べている。正しいものには1を，誤っているものには2を，解答欄に記入しなさい。

ア　在庫管理は，仕入管理や販売管理の業務と有機的に連動している。

イ　総枠管理とは，目標売上高を達成するために，いつ，どれくらいの数量の
　　仕入が必要なのかを決定することである。

ウ　単品管理は，適正な販売計画を策定し，それをもとに販売諸活動を指揮，
　　統制することである。

エ　重点管理では，在庫を効率的，合理的に管理するためにはどうするかを検
　　討する。

オ　入出庫管理とは，経営計画を定めて商品計画，仕入計画などの業務の循環
　　活動を行うことである。

解答欄	ア	イ	ウ	エ	オ

第4問　次のア〜オは，在庫管理の方法について述べている。正しいものに
　　は1を，誤っているものには2を，解答欄に記入しなさい。

ア　ダラーコントロールは，個々の売れ筋商品の販売動向などを十分に把握で
　　きる。

イ　ユニットコントロールは，ダラーコントロールを補う在庫管理の方法であ
　　る。

ウ　商品回転率は，商品回転率が低いほど，投下した資本を早く回収でき，資
　　本効率が高いという判断ができる。

エ　在庫管理を行うには，在庫の金額と数量の両面からの売場データを把握す
　　ることが必要である。

オ　粗利益率は，売上高に占める粗利益高の割合のことで，売上高総利益率と
　　もいわれる。

解答欄	ア	イ	ウ	エ	オ

第5問 次のア～オは，データによる在庫管理について述べている。正しいものには1を，誤っているものには2を，解答欄に記入しなさい。

ア　商品回転率（回）は，商品在庫高（売価）を年間売上高でわって求められる。

イ　商品回転期間（日）は，365日を商品回転率でわって求められる。

ウ　粗利益率は，売上高に占める粗利益高の割合のことである。

エ　交差比率は，粗利益率に商品回転率を掛けた数値で，低いほど商品の販売効率がよいことを示している。

オ　稼ぎ筋商品とは，小売店全体または小売店で扱う品種ごとに最も売上金額の高い商品のことである。

解答欄	ア	イ	ウ	エ	オ

解答・解説 本試験形式問題

第1問

【2-2-1-1-2】

ア，イ，オは，過少在庫についての影響である。

第2問

【4-2-3-1-1】

適正な在庫を保有することの重要性を理解する。

第3問

【1-1-2-1-2】

ウは，単品管理とは，過剰在庫や過少在庫を起こさないために，どのような方法で発注すればよいかを決定することである。オは，入出庫管理とは，商品の動きを確実に把握し，円滑に在庫をコントロールすることである。

第4問

【2-1-2-1-1】

アは，個々の売れ筋商品の販売動向などを十分に把握できないため，ユニットコントロールも必要となる。ウは，商品回転率は，高いほど，投下した資本を早く回収でき，資本効率が高い。

第5問

【2-1-1-2-1】

アは，年間売上高を商品在庫高でわって求める。エは，数値が高いほど商品の販売効率がよい。

第7章
販売管理の基本
➤重要キーワード補充問題

1 販売管理の基本知識 (解答☞p. 122)

(1) 販売管理は，販売計画をもとに小売業が実施する（ ① ）の方針や方法などを従業員に指揮・（ ② ）することである。

(2) PDCAサイクルとは，Plan（ ① ），Do実行，Check（ ② ），Action（ ③ ）のことである。

(3) 小売業における販売管理の重点目標は，商品カテゴリー別の（ ① ）と（ ② ）を重視して，販売活動の管理にあたることである。

(4) 販売管理の前提となる販売計画の立案は，小売業の内部と外部の（ ① ）の分析結果にもとづき，全体の（ ② ）を決定する。

(5) 販売計画の販売目標は，努力範囲で（ ① ）可能なレベルを設定する。

(6) 販売計画の販売目標は，小売業が（ ① ）とする適正な（ ② ）を設定する。

(7) 販売計画の販売目標は，（ ① ）に担当部門ごとに割り振る。

(8) 販売計画の販売目標は，明確な（ ① ）活動目標に（ ② ）させる。

(9) 販売計画の販売目標は，販売目標が達成される（ ① ）を裏づける。

(10) 販売計画の販売目標は，（ ① ）にその実績を分析・評価し，適宜，活動を（ ② ）する。

(11) 販売管理は，POSデータを活用したカテゴリー別（ ① ）の徹底が最も重要である。

2 POSシステムによる販売データの活用

（解答☞p. 122）

(1) POSシステムは，（　①　）情報管理システムと訳されている。

(2) POSシステムの特徴は，（　①　）ができる，販売時点での（　②　）な情報が収集できる，（　③　）ができる，情報の集中管理ができる，などである。

(3) PLU（価格検索）方式のPOSシステムは，商品名や単価などをあらかじめコンピュータの（　①　）に登録しておき，個々の商品に印刷あるいは貼付された（　②　）を光学式（　③　）で読み取るだけで簡単に精算業務を遂行できる。

(4) 単品管理は，一つの（　①　）におけるサイズや容量，色などが異なる（　②　）レベルの販売動向を詳細に分析し，管理することである。

(5) POSシステムの活用方法には，（　①　），（　②　），販売促進，（　③　）などがある。

(6) POSシステムやPOSデータは，（　①　）システム，商圏分析システム，（　②　）システムなどに利用されるほか，（　③　）管理や店舗内の（　④　）管理・（　⑤　）管理を行う例もある。

(7) POSシステムは，（　①　）と（　②　）から構成されている。

(8) POSターミナルは，（　①　）機能と（　②　）機能を持っている。

(9) レジスター機能は，入金処理，支払処理，（　①　），金券処理，（　②　），消費税計算などの（　③　）としての基本機能である。

(10) POS機能は，（　①　）と（　②　）を連携させて高度な販売データ処理をする機能である。

(11) POSターミナル本体でPLU処理を行える。これが（　①　）処理である。これは，バーコードに（　②　）を記録しておき，バーコードを読み取ると（　③　）に売上計算処理を行うPOSシステムである。

(12) ストアコントローラとは，（　①　）を利用して各種の情報管理と（

119

（　②　）を行うパソコンである。

⒀　小売店POSシステムがネットワークを通じて（　①　）や（　②　），（
　　③　）などのコンピュータと接続される大規模なPOSシステムになると，
　　（　④　）システムとしての機能を果たすことになる。

3 バーコードの基本知識

（解答☞p. 122）

⑴　POSシステムの活用においてバーコードは，（　①　）と（　②　）から
　構成されている。

⑵　バーシンボルに盛り込まれる内容は，JANシンボルの場合，（　①　）～
　（　②　）の数字であり，バーシンボルは，情報を（　③　）させるための
　情報媒体である。

⑶　JANコードは，標準タイプ（　①　）と短縮タイプ（　②　）があり，
　標準タイプは，国コード2桁を含めて（　③　）と（　④　）の2通りがあ
　る。

⑷　JAN企業コードは，一般財団法人流通システム開発センターが（
　①　）にもとづき，（　②　）して企業に貸与している。

⑸　JANコードの表示には，商品が製造され出荷される段階での（　①　）
　と小売業で販売される段階での（　②　）がある。

⑹　ソースマーキングは，JANシンボルを（　①　）段階で商品包装に（
　②　）に表示することである。

⑺　ソースマーキングは，その商品の（　①　）を表しているのではなく，商
　品の（　②　）がどこの企業か，何という商品かを識別するために行うので
　ある。

⑻　海外で製造されている場合でも，日本の企業ブランドで販売される商品は，
　日本の国コードである（　①　）または（　②　）で始まるバーコードで行
　う。

⑼　小売業が売場で販売するときにJANコードを表示するインストアマーキ

ングは，（ ① ）方式と（ ② ）方式によるコード体系に区分されている。

⑽ PLU方式は，あらかじめ商品の売価をストアコントローラの商品マスタに（ ① ）し，商品に表示されているJANシンボルを（ ② ）で読み取った際にストアコントローラの商品マスタを検索し，POS端末で売価を表示・処理する仕組みである。

⑾ Non PLU方式は，（ ① ）の中に売価を表示して，（ ② ）を読み取った際に，その金額を（ ③ ）にPOS端末で表示する仕組みである。

| 解　答 | 重要キーワード補充問題 |

1　販売管理の基本知識

(1)①販売活動　　②統制　　(2)①計画　　②評価　　③改善

(3)①販売分析　　②販売計画　　(4)①情報　　②販売目標　　(5)①実現

(6)①必要　　②利益額　　(7)①公平　　(8)①月別　　②反映　　(9)①活動

(10)①定期的　　②修正　　(11)①単品管理

2　POSシステムによる販売データの活用

(1)①販売時点　　(2)①自動読取　　②リアルタイム　　③単品管理

(3)①マスターファイル　　②バーコード　　③スキャナ

(4)①品目　　②単品

(5)①販売管理　　②品ぞろえ計画　　③発注・納品管理

(6)①鮮度管理　　②店舗診断　　③従業員　　④設備　　⑤温度

(7)①POSターミナル　　②ストアコントローラ

(8)①レジスター　　②POS

(9)①返品処理　　②レシート発行　　③レジスター

(10)①POSターミナル　　②ストアコントローラ

(11)①NonPLU　　②商品価格　　③同時　　(12)①POSデータ　　②分析

(13)①本部　　②ベンダー　　③メーカー　　④総合店舗管理

3　バーコードの基本知識

(1)①バーシンボル　　②コード　　(2)①0　　②9　　③自動読取

(3)①13桁　　②8桁　　③9桁　　④7桁

(4)①国際運用規約　　②一元管理

(5)①ソースマーキング　　②インストアマーキング

(6)①製造・出荷　　②直接的　　(7)①原産地　　②供給責任者

(8)①45　　②49

(9)①PLU ②Non PLU (10)①登録 ②スキャナ

(11)①JANシンボル ②JANシンボル ③直接的

> ## 第7章
>
> # 販売管理の基本
> ### 本試験形式問題◀

第1問　次の文章は，POSシステムについて述べている。文中の〔　　〕の
部分に，下記に示すア～オのそれぞれの語群から最も適当なものを選
んで，解答欄にその番号を記入しなさい。

　POSシステムとは，顧客の〔　ア　〕した商品の代金を小売店側が受け取
る際に，商品一つひとつに付いている〔　イ　〕をPOSレジの〔　ウ　〕で
読み取ってコンピュータで処理し，〔　エ　〕防止や商品寿命の予測など，〔
オ　〕に活用する経営の仕組みである。

【語　群】

ア〔1．返品　2．サイン　3．採用　4．購入〕

イ〔1．インストアマーキング　2．ソースマーキング　3．バーコード
　　4．値札〕

ウ〔1．スキャナ　2．JANコード　3．ハンドラベラー
　　4．ソフトウエア〕

エ〔1．盗難　2．感染　3．欠品　4．陳腐化〕

オ〔1．人事管理　2．店舗管理　3．顧客管理　4．商品管理〕

解答欄	ア	イ	ウ	エ	オ

第2問　次のア～オは，バーコードの仕組みについて述べている。正しいものには1を，誤っているものには2を，解答欄に記入しなさい。

ア　JANコードの体系は，13桁の標準タイプと9桁の短縮タイプがある。

イ　標準タイプ13桁では，JAN企業（メーカー）コードは国コード2桁を含めて9桁と7桁の2通りがある。

ウ　製造・出荷段階で，商品包装にJANシンボルを直接的に表示することをインストアマーキングという。

エ　小売業が売場で販売するときに，JANコードを表示することをソースマーキングという。

オ　PLUは，Price Look Upの略称である。

解答欄	ア	イ	ウ	エ	オ

| 解答・解説 | 本試験形式問題 |

第1問

【4－3－1－3－4】

　小売業におけるコンピュータ利用の代表が，POSシステムである。商品管理に活用する経営の仕組みである。

第2問

【2－1－2－2－1】

　アは，標準タイプの13桁と短縮タイプの8桁である。ウは，ソースマーキングのことである。エは，インストアマーキングのことである。

3

ストアオペレーション

第1章

ストアオペレーションの基本

➤重要キーワード補充問題

ストアオペレーション・サイクル

(解答☞p.135)

(1) チェーンストアが（ ① ），かつ，効果的な（ ② ）を行うためには，
1日の運営業務の要となる作業体系を確立することである。

---

1 開店準備の業務

(解答☞p.135)

(1) クリンリネスは，店舗内外の（ ① ）によって店内を（ ② ）に保ち，
顧客が気持ちよく買物ができる状態を保つことである。

(2) クリンリネスの基本的な作業項目の3Sとは，（ ① ），（ ② ），（
③ ），である。

(3) 作業とは，小売店の（ ① ）や（ ② ）にもとづき，一定の（
③ ）に則した日々の仕事のことである。

(4) 整理は，乱れた商品をきちんと整え，（ ① ）どおりに正しくそろえ，
不要な商品を（ ② ）から取り除く行為のことである。

(5) 整頓は，（ ① ）や資料などをきちんと（ ② ）にかたづけることで
ある。

(6) 清掃とは，拾う，掃く，（ ① ），（ ② ）といった作業を繰り返すこ
とによって，（ ③ ）な面でも清潔さをつくり出すことである。

(7) 小売店の入口周辺は，店舗に対する顧客の（ ① ）が決まる場所である。

(8) バックヤードとは，（ ① ）・（ ② ）場所，（ ③ ），事務所，休憩所など，顧客が立ち入らない店舗の（ ④ ）で，（ ⑤ ）と呼ばれることもある。

(9) レジにおける顧客対応は，店舗の印象を左右し，固定客の（ ① ）や（ ② ）に大きな影響を及ぼしている。

(10) レジ業務にかかわる開店前作業は，（ ① ）の周辺整備，（ ② ）の点検と補充，（ ③ ）の点検，（ ④ ）の準備，連絡事項の確認，身だしなみのチェックなどである。

(11) チェックアウト施設の周辺整備とは，（ ① ），（ ② ），出入口，床の（ ③ ），買物カゴの整理・整頓である。

(12) 備品の点検と補充とは，（ ① ），レジ袋，（ ② ），伝票などである。

(13) レジスターの点検とは，（ ① ），（ ② ），プリンターの状況チェックである。

(14) レジ操作は，（ ① ），（ ② ），（ ③ ）な対応が求められる。

(15) レジの待ち時間は，（ ① ）以上になると，時間感覚が狂って，（ ② ）待たされた気持ちになり，（ ③ ）が増すといわれる。

(16) レジ業務の基本3要素は，（ ① ）の登録，（ ② ）の受渡し，（ ③ ）である。

(17) レジにおける接客上の留意点は，（ ① ）をいら立たせない，精算の（ ② ）を間違えない，のんびりしない，（ ③ ）な声を出す，ごまかさない，などである。

(18) 顧客にクレジットカードを提示された時は，一括払い，分割払い，（ ① ）といった希望支払方法を尋ねる。

(19) 電子マネーは，電子的な（ ① ）のやり取りだけで（ ② ）の支払いを行う電子決済の一種である。

(20) セルフチェックアウト・システムは，顧客が（ ① ）でPOSレジを操作して，買い上げた商品の（ ② ）を済ませる方法である。

⑵ 朝礼の目的は，従業員の（　①　）をより一層高めて，全従業員が今日の（　②　）や（　③　）などを確認し，（　④　）の高い店づくりに向けて（　⑤　）をはかることである。

⑵ 小売店の朝礼の確認や伝達事項は，小売店の（　①　）・経営方針の徹底，昨日の（　②　）事項と反省点，今日の（　③　）と（　④　）の確認，従業員の（　⑤　）のチェックなどである。

⑵ 販売員は，（　①　）や身だしなみに注意を払う必要がある。よい印象を与えることにより（　②　）ができるので，販売員にとって大切な要素となる。

⑵ 食品販売の関係者は，（　①　）や（　②　）はつけない。

2 日常の運営業務
(解答☞p. 135)

⑴ メーカーや卸売業などの（　①　）から配送された商品の受取りが（　②　）であり，それを小売店が検品・収納する作業が（　③　）である。

⑵ 検収は，（　①　）をもとに（　②　）と納品された（　③　）の3つで欠品や数量不足，不良品の有無，誤納などを照合，確認する。

⑶ 検収作業の要点とチェックポイントは，（　①　）どおりの商品かどうかを確認，（　②　）を確認，納品が（　③　）どおりに行われたかどうかの確認，欠品，数量不足，不良品などがあった場合の（　④　）への連絡と処理，検収終了後，伝票の（　⑤　）への担当者としてのサイン，押印などである。

⑷ （　①　）の売価表示だけでは，（　②　）しにくいと考える顧客がおり，そのために（　③　）への値付は（　④　）に欠かせない作業となっている。

⑸ 値付作業には，（　①　）を使用して効率的に値付をする。

⑹ 補充作業は，売れ筋商品や人気商品を絶えずチェックし，それらの商品が（　①　）や（　②　）にならないように補うことである。

⑺ 商品が売れて，（　①　）などから商品を選び出して補充することを，（

②　）という業界もあり，先に仕入れた（　③　）商品から（　④　）に売場へ補充することが基本である。

⑻　商品の補充作業には，（　①　）陳列と（　②　）陳列の２つがある。

⑼　商品の補充作業は，原則として（　①　）で行っている。

⑽　商品をディスプレイするときに，商品を顧客の（　①　）に引き出し，顧客が商品を取りやすくする陳列方法が（　②　）である。

⑾　前出し作業は，（　①　）が乱れたときなどに手直しして整え，少なくなった陳列数量などに（　②　）を出す作業で，商品を（　③　）するときなどに合わせて行う。

⑿　前出し作業は，時間をかけて行うものでなく，（　①　）や（　②　）のポイントを押さえて，（　③　）に実施することが大切である。

⒀　前出し作業は，棚の（　①　）の左上から（　②　）で下段に向かって棚番ごとに行う小売業が多い。

⒁　補充発注は，（　①　）に売る商品ではなく，主として（　②　）に対して行うものである。

⒂　補充発注とは，主として売れた定番商品をその売場に必要な数だけ（　①　）するために，（　②　）に発注することである。

⒃　店舗における商品管理は，補充発注 →（　①　）→（　②　）→（　③　）→ 販売のサイクルで行われる。

⒄　適正な数量の品ぞろえを維持するために小売店では，適正に（　①　）するための陳列在庫数量の設定基準に従った（　②　）と（　③　）の設定といった前提条件を整備する必要がある。

⒅　過剰在庫は，鮮度の劣化や（　①　）の発生につながる，（　②　）商品の増加と（　③　）商品の減少を招く，在庫チェック機能や作業効率が低下する，（　④　）の負担が増加する，などの問題を発生させる。

⒆　補充発注作業を実施するうえでの留意点は，在庫を常に（　①　）する，売場の（　②　）を把握する，死に筋化した（　③　）の排除を適切に処理する，棚ラベルをつける，適切な（　④　）を立てる，などである。

⒇ EOSは，補充発注システムと呼ばれ，（ ① ）と（ ② ）とのオンライン受発注システムのことである。

㉑ EDIは，異なる場所にあるコンピュータを（ ① ）でつなぎ，商品コード，発注，在庫，納品，検品，請求などの（ ② ）をリアルタイム，かつ，（ ③ ）で交換するシステムである。

3 メンテナンス業務 (解答☞p.136)

⑴ POP広告の添付は，顧客に対して商品の（ ① ）や（ ② ）などを（ ③ ）に認知させるために役立っている。

⑵ POP広告は，顧客の（ ① ）の届く位置に（ ② ）に並べて，商品の（ ③ ）に添えることが基本である。

⑶ 棚ラベルの未貼付やバーコード内容の不備があると，商品の（ ① ）や（ ② ）の発生，売場の（ ③ ）ができないなどの問題を引き起こす。

⑷ 棚ラベルは，商品の（ ① ）に合わせて漏れなく貼付し，商品と棚ラベルが一致していれば（ ② ）が容易となり，顧客に（ ③ ）や（ ④ ）を分かり易く伝えられる。

⑸ 棚ラベルは，季節の変わり目などの（ ① ）の改廃時，（ ② ）に変更がある場合，（ ③ ）できない場合，などに交換する。

⑹ 欠品や品薄が発生する主な原因には，担当者の（ ① ）ミス，爆発的・予想外の（ ② ），（ ③ ）企業の未納・遅納，などである。

⑺ 店内の（ ① ），誘導，案内看板，標識，記号などの総称が（ ② ）であり，主として（ ③ ）で情報を伝達することが望ましい。

⑻ 総額表示（内税方式）の義務化に従い，売価は（ ① ）の総額表示となっているかを確認することが，売場での欠かせないチェック項目である。

4 チェックアウト業務

(解答☞p. 136)

(1) チェッカーの接客の基本は，（ ① ）を遵守し，（ ② ）に対応することである。

(2) チェッカーが顧客とのコミュニケーションをはかるうえでの留意点は，顧客の（ ① ）を常に観察する，レジの顧客一人ひとりに（ ② ）をして，笑顔で明るく声がけをする，精算業務および接客を終了した直後，視線を（ ③ ）に向けて，（ ④ ）の状況を把握する，などである。

(3) 正しいカゴ入れの技術では，食品と非食品は分けて入れ，硬い物と柔らかい物も分けて入れ，（ ① ）はカゴの一番上に入れる。

(4) セルフサービス販売方式の小売店では，（ ① ）の水準は，（ ② ）のサービスで評価される。

(5) レジ係は，（ ① ）の締めくくり場所，（ ② ）の唯一の場所，（ ③ ）データが得られる場所，（ ④ ）対応をする場所，（ ⑤ ）の役割，など多くの役割を担っている。

(6) レジ係の仕事には，（ ① ），（ ② ），（ ③ ），（ ④ ），の4つの機能がある。

(7) サービス係は，チェッカーや顧客の（ ① ）に対応する役割である。

(8) サッカーは，包装または（ ① ）し，顧客に渡す役割である。

(9) キャッシャーは，（ ① ）のみを行う役割である。

(10) チェッカーは，顧客をレジで迎え，商品のバーコードを（ ① ）して金銭授受をする役割である。

(11) つり銭を渡すときは，（ ① ）し，確認のための時間をつくるようにすれば，（ ② ）な接客応対となる。

(12) 商品は，（ ① ）で渡すことが原則で，渡すときには（ ② ）の心を言葉にする。

(13) レジ係が心がける態度としては，表情は（ ① ），やさしい（ ② ）で，顧客への話し方には思いやりを持って，（ ③ ）を正しく使い，顧客

にわかる言葉を使って，顧客の言葉を（　④　）したり，言い争ったりしな
い，などである。

5 ミーティング （解答☞p. 137）

(1)　小売店は，（　①　）を達成するために，従業員全員の協力，つまり（
②　）が必要である。

(2)　ミーティングの目的は，目標達成に向けての（　①　），本部の（
②　）の報告・連絡，従業員の（　③　），モラールを引き出す，などであ
る。

(3)　ミーティングの際のリーダーの心得は，（　①　）準備を綿密に行う。
リーダーは，メンバーの発言を（　②　）し，調整役にまわる。メンバーの
発言に賛成できなくても（　③　）のスタンスを心がける。（　④　）のメ
ンバーに発言の機会を与える。議論を整理する。できる限り（　⑤　）の意
見を求める。

(4)　ミーティングのまとめ方は，小売業の（　①　）や（　②　）などから外
れないように結論を導き出すことが重要である。

解答　重要キーワード補充問題

ストアオペレーション・サイクル

(1)①効率的　　②店舗運営

1　開店準備の業務

(1)①清掃　　②清潔　　(2)①整理　　②整頓　　③清掃

(3)①目的　　②計画　　③ルール　　(4)①秩序　　②売場

(5)①商品　　②保管場所　　(6)①拭く　　②磨く　　③衛生的

(7)①第一印象

(8)①荷受　　②検品　　③倉庫　　④後方施設　　⑤バックルーム

(9)①獲得　　②維持

(10)①チェックアウト施設　　②備品　　③レジスター（レジ）　　④つり銭

(11)①レジスター（レジ）　　②包装台　　③清掃　　(12)①ポリ袋

　②エコバッグ

(13)①日付　　②レシート　　(14)①正確　　②迅速　　③丁寧

(15)①90秒　　②長時間　　③ストレス

(16)①買上金額　　②代金　　③接客　　(17)①顧客　　②順番　　③明瞭

(18)①リボルビング払い　　(19)①データ　　②商品代金

(20)①自分自身　　②精算

(21)①意欲　　②スケジュール　　③売上目標　　④顧客満足度　　⑤意思統一

(22)①経営理念　　②業務引継　　③作業予定　　④販売目標　　⑤身だしなみ

(23)①服装　　②信頼関係　　(24)①香水　　②オーデコロン

2　日常の運営業務

(1)①仕入先企業（サプライヤー）　　②荷受　　③検収

(2)①発注書　　②納品書　　③商品

(3)①発注書　　②品質（不良品）　　③指定　　④関係者　　⑤検収欄

(4)①棚ラベル　　②購買決定　　③商品　　④購買促進

(5)①ハンドラベラー　(6)①品薄　　②欠品

(7)①バックヤード　　②品出し　　③古い　　④先

(8)①先入れ先出し　　②前進立体　(9)①先入れ先出し陳列

(10)①手前（通路側）　　②前進立体陳列

(11)①商品　　②量感　　③補充　(12)①場所　　②時間帯　　③効率的

(13)①最上段　　②逆S字

(14)①スポット的　　②定番商品　(15)①補充　　②仕入先企業

(16)①荷受・検収　　②値付　　③補充・ディスプレイ

(17)①ディスプレイ　　②発注サイクル　　③発注数量

(18)①商品のロス　　②死蔵　　③売れ筋　　④在庫金利

(19)①整理整頓　　②在庫数量　　③定番商品　　④販売計画

(20)①小売店　　②仕入先企業

(21)①通信回路　　②データ　　③ペーパーレス

3　メンテナンス業務

(1)①特徴　　②用途　　③瞬時　(2)①目線　　②横一線　　③中心

(3)①発注漏れ　　②欠品　　③商品管理

(4)①中心　　②補充発注　　③商品名　　④売価

(5)①定番商品　　②発注単位　　③スキャニング

(6)①発注　　②売れ行き　　③仕入先

(7)①売場案内　　②サイン（案内図記号）　　③絵文字　(8)①消費税込み

4　チェックアウト業務

(1)①マニュアル　　②臨機応変

(2)①買物状況　　②アイコンタクト　　③売場　　④周囲

(3)①柔らかい物　(4)①人的サービス　　②チェッカー

(5)①販売　　②金銭授受　　③FSP　　④クレーム　　⑤ガイド

(6)①サービス係　　②サッカー　　③キャッシャー　　④チェッカー

(7)①要望　　(8)①袋詰め　　(9)①金銭授受　　(10)①スキャン

(11)①復唱　　②丁寧　　(12)①両手　　②感謝

(13)①明るく　　②笑顔　　③敬語　　④否定

5　ミーティング

(1)①販売目標　　②チームワーク

(2)①意思統一　　②決定事項　　③やる気

(3)①事前　　②優先　　③中立　　④少数意見　　⑤全員

(4)①経営理念　　②経営方針

第1章

ストアオペレーションの基本

本試験形式問題◀

第1問 次のア～オは，ストアオペレーション・サイクルの全般について述べている。正しいものには1を，誤っているものには2を，解答欄に記入しなさい。

ア　チェーンストアの効率的，効果的な店舗運営のためには，運営業務の要となる作業体系の確立と具体的な作業をワークスケジュールに組み込むことが必要となる。

イ　レジ操作の準備作業は開店準備業務である。

ウ　棚ラベルチェック作業は，日常の運営業務である。

エ　荷受・検収作業は，メンテナンス業務である。

オ　レジでの精算および金銭チェックはチェックアウト業務である。

解答欄	ア	イ	ウ	エ	オ

第2問　次のア～オは，開店準備の業務について述べている。正しいものに
　　　　は1を，誤っているものには2を，解答欄に記入しなさい。

ア　売場のクリンリネスを実践するための3Sの「整理」は，商品や資料など
　　をきちんとかたづける作業である。
イ　小売店の入り口周辺は，店舗に対する顧客の第一印象が決まる場所である。
ウ　バックヤードとは，従業員の休憩所を除く，荷受・検品場所，倉庫，事務
　　所などの店舗の後方施設である。
エ　レジ業務のチェックアウト周辺整備の作業とは，日付，レシート，プリン
　　ターの状況チェックのことである。
オ　レジは顧客の買物における締めくくりの場所である。

解答欄	ア	イ	ウ	エ	オ

第3問　次の文章は，朝礼の目的について述べている。文中の〔　　〕の部
　　　　分に，下記に示すア～オのそれぞれの語群から最も適当なものを選ん
　　　　で，解答欄にその番号を記入しなさい。

　朝礼の目的は，出勤してきた従業員の意欲をより一層高め，全従業員が今日
のスケジュールや売上目標などを確認し，〔　ア　〕の高い店づくりに向けて
〔　イ　〕をはかることである。しかし短時間の朝礼では伝えきれない重要事
項や話し合いが必要な調整事項については，関係者が一堂に会して〔　ウ　〕
を行い，従業員間の〔　エ　〕をはかる。**ウ**は，あらかじめ〔　オ　〕を決め
ておき，効率的な店舗経営を遂行すべきである。

【語　群】

ア〔1. 顧客満足度　2. 目標　3. 格式　4. 人気〕

イ〔1. 競争意識　2. 戦略　3. 労働生産性　4. 意思統一〕

ウ〔1. 提言　2. ミーティング　3. 店舗運営　4. 意見調整〕

エ〔1. 整合性　2. 統一　3. コミュニケーション　4. モラール〕

オ〔1. テーマ　2. 商品　3. 行動　4. 作業〕

解答欄	ア	イ	ウ	エ	オ

第4問　次の文章は，検収作業の要点について述べている。文中の〔　　〕の部分に，下記に示すア～オのそれぞれの語群から最も適当なものを選んで，解答欄にその番号を記入しなさい。

1.〔　ア　〕どおりの商品かどうかの確認をする。

2.〔　イ　〕の確認をする。

3.〔　ウ　〕が指定どおりに行われたかどうかの確認をする。

4. 欠品，数量不足，不良品などがあった場合の〔　エ　〕への連絡と処理をする。

5. 検収終了後，伝票の検収欄への〔　オ　〕としてのサイン，押印をする。

【語　群】

ア〔1. 発注書　2. 請求書　3. 納品書　4. 棚割〕

イ〔1. 値段　2. 品質　3. 価格　4. 値入〕

ウ〔1. 発注　2. 補充　3. 保管　4. 納品〕

エ〔1．経営者　2．店員　3．関係者　4．上司〕
オ〔1．形式　2．担当者　3．意思決定　4．荷受〕

解答欄	ア	イ	ウ	エ	オ

第5問　次のア～オは，日常の運営業務について述べている。正しいものには1を，誤っているものには2を，解答欄に記入しなさい。

ア　荷受とは，仕入先企業から配送された商品の受取りのことである。

イ　検収は，発注書と納品された商品の2つで欠品や数量不足，不良品の有無，誤納などを照合，確認することである。

ウ　品出しとは，商品が売れて，バックヤードなどから商品を選び出して補充することである。

エ　補充作業では，先入れ先出し陳列を徹底しないと，古い商品がいつまでも倉庫や売場の奥から動かず，廃棄商品となる。

オ　補充作業の前進立体陳列とは，商品を積み上げて立体的にディスプレイする方法である。

解答欄	ア	イ	ウ	エ	オ

第6問 次のア～オは，日常の運営業務全般について述べている。正しいものには1を，誤っているものには2を，解答欄に記入しなさい。

ア 商品補充とは，主に納品された定番商品を所定の売場の位置に，棚割表にもとづき決められた数量の不足分を陳列することである。

イ 買回品を中心とするセルフサービス販売方式の小売店の商品補充作業は原則，先入れ先出し陳列である。

ウ ディスプレイの基本は，顧客が商品を見やすく，手に取りやすい状態にすることである。

エ 前進立体陳列とは，商品を顧客の手前に引き出し，顧客が商品を取りやすくする陳列手法である。

オ 前出し作業は，消耗頻度の低い専門品を扱うセルフサービス販売方式の売場において，商品を補充するときなどに併せて行う。

解答欄	ア	イ	ウ	エ	オ

第7問 次のア～オは，補充発注と発注システムについて述べている。正しいものには1を，誤っているものには2を，解答欄に記入しなさい。

ア 補充発注とは，主にスポット商品が対象である。

イ 過剰在庫は在庫金利の負担が軽減されるメリットがある。

ウ 補充発注の目的は，欠品や過剰在庫の発生を防ぎ，適正な数量の品ぞろえを維持していくことである。

エ EOSとは，補充発注システムのことである。

オ　EDIとは，電子データ交換を意味する。

解答欄	ア	イ	ウ	エ	オ

第8問　次の文章は，補充発注システムについて述べている。文中の〔　　〕の部分に，下記に示すア～オのそれぞれの語群から最も適当なものを選んで，解答欄にその番号を記入しなさい。

〔　ア　〕とは一般に小売店と〔　イ　〕との〔　ウ　〕受発注システムのことで，通常は〔　エ　〕システムと呼ばれている。店舗において商品担当者が携帯端末機に入力した発注情報は，交換機が設置されたチェーンストア本部や共同受注センターなどを経由して〔　オ　〕に配信される。

ア〔1．EOS　2．EDI　3．PDS　4．POS〕
イ〔1．顧客　2．メーカー　3．倉庫　4．仕入先企業〕
ウ〔1．電話　2．FAX　3．オンライン　4．オフライン〕
エ〔1．注文　2．受注　3．配信　4．補充発注〕
オ〔1．運送会社　2 仕入先企業．　3．消費者　4．店舗〕

解答欄	ア	イ	ウ	エ	オ

3 ストアオペレーション

第9問　次のア〜オは，メンテナンス業務について述べている。正しいもの
　　　　　には1を，誤っているものには2を，解答欄に記入しなさい。

ア　特定の商品にはPOP広告を添付し，顧客に対して商品の特徴や用途など
　を瞬時に認知させることが必要である。
イ　POP広告は，一般的にチェーンストアでは本部の商品部が作成している。
ウ　POP広告は，商品の中心を避けて添えるのが基本である。
エ　売場において欠品や品薄が発生するのは，担当者の発注ミス，爆発的，予
　想外の売れ行きが主な原因であるが，仕入先企業は原因に関係していない。
オ　店内を案内するサインは，主としてピクトグラムで情報を伝達することが
　望ましい。

解答欄	ア	イ	ウ	エ	オ

第10問　次の文章は，セルフサービス販売方式の小売店に求められるレジ係
　　　　　の役割について述べている。文中の〔　〕の部分に，下記に示すア
　　　　　〜オのそれぞれの語群から最も適当なものを選んで，解答欄にその番
　　　　　号を記入しなさい。

1．顧客が満足して買物できるかを左右する，〔　ア　〕の締めくくりの場所
　である。
2．〔　イ　〕の唯一の場所であり，小さなミスが原因でクレームになってし
　まう。
3．顧客の購買情報である〔　ウ　〕データが得られる場所である。

144

4．顧客の〔　エ　〕対応をする場所で，対応がよければ店舗の信用を損なわない。

5．店内の〔　オ　〕の役割を担っている。

【語　群】

ア〔1．仕入　2．納品　3．販売　4．発注〕

イ〔1．金銭授受　2．問い合わせ　3．接客　4．声がけ〕

ウ〔1．仕入先　2．FSP　3．家族構成　4．クレジットカード〕

エ〔1．クレーム　2．あいさつ　3．誘導　4．万引き〕

オ〔1．サービス　2．店長　3．品出し　4．ガイド〕

解答欄	ア	イ	ウ	エ	オ

第11問　次の文章は，ミーティングの際にリーダーが心得ておくべきことについて述べている。文中の〔　〕の部分に，下記に示すア～オのそれぞれの語群から最も適当なものを選んで，解答欄にその番号を記入しなさい。

1．事前準備を〔　ア　〕に行う。

2．メンバーの発言を優先し，メンバー間での議論が活発に行われるように〔　イ　〕役にまわる。

3．メンバーの発言に対して，賛成しかねる場合でも，〔　ウ　〕のスタンスを心がける。

4．〔　エ　〕意見のメンバーに対しても発言の機会を与えるようにする。

145

5．議論が大きく脱線した場合は，適宜，問題を〔　オ　〕する。

【語　群】

ア〔1．簡単　2．効率的　3．自発的　4．綿密〕

イ〔1．脇　2．主　3．調整　4．監査〕

ウ〔1．中立　2．不動　3．賛成　4．反対〕

エ〔1．後ろ向き　2．少数　3．多数　4・賛同〕

オ〔1．提起　2．整理　3．解決　4．排除〕

解答欄	ア	イ	ウ	エ	オ

| 解答・解説 | 本試験形式問題 |

第1問

【1－1－2－2－1】

ウの，棚ラベルチェック作業は，メンテナンス業務である。エの，荷受・検収作業は，日常の運営業務である。

第2問

【2－1－2－2－1】

クリンリネスの3Sとは，「整理，整頓，清掃」である。アは，整頓のことである。「清掃」は，拾う，掃く，拭く，磨くといった作業をすることで，清潔さをつくり出すこと，「整理」は，乱れた商品をきちんと整え，秩序どおりに正しくそろえ不要な商品を売場から取り除くことである。ウは，従業員の休憩所も含む，顧客が立ち入らないところでバックルームと呼ばれることもある。エは，レジスターの点検の作業である。「チェックアウト周辺整備」の作業は，レジ，包装台，出入口，床の清掃，買物カゴの整理・整頓である。

第3問

【1－4－2－3－1】

朝礼は，よい店舗運営を行うためにも重要な業務である。

第4問

【1－2－4－3－2】

検収は，正確に行わないと不良品を取り扱うことになったり，品減りの原因となるので店舗運営にとって重要である。

第5問

【1 - 2 - 1 - 1 - 2】

イは，発注書と納品書と商品の3つで行う。オは，説明してある「立体」だけでなく，商品を顧客側に前進させ顧客が取りやすくする「前進」も含む方法である。

第6問

【1 - 2 - 1 - 1 - 2】

イは，買回品ではなく最寄品である。オは，消耗頻度の高い最寄品を扱うセルフサービス販売方式である。

第7問

【2 - 2 - 1 - 1 - 1】

アは，スポット商品ではなく，定番商品である。イは，在庫金利の負担は増加する。

第8問

【1 - 4 - 3 - 4 - 2】

EOSは，オンラインによる補充発注システムのことで，主に定番商品などを店舗の商品担当者が継続的に一定の仕入先企業へ必要な数量を発注する形態である。

第9問

【1 - 1 - 2 - 2 - 1】

ウは，中心に添えるのが基本である。エは，仕入先企業の未納・遅納も原因である。

第10問

【3-1-2-1-4】

FSP（フリークエント・ショッパーズ・プログラム）とは，多頻度で買物を
する顧客を優遇し，優良顧客を維持するための顧客戦略プログラムである。

第11問

【4-3-1-2-2】

ミーティングの実施にあたって，リーダーはスピーディな進行，活発な議論
に努めなければならないが，そのために心得ておくべきことである。

第2章

包装技術の基本

➤重要キーワード補充問題

▌*1* 包装の意義と目的 （解答☞p.154）

⑴ 包装の定義は，物品の（ ① ），（ ② ）などにあたって，価値および
状態を（ ③ ）するために適当な材料，（ ④ ）などを物品に施す技術
および施した状態をいう。

⑵ 包装は，商品本体そのものを入れる容器で商品個々の商品価値を高める
（ ① ）と，外部圧力から守る（ ② ），荷印とラベルを付加して，保
管や内容表示，輸送に必要な梱包である（ ③ ）に分けられる。

⑶ 倉庫型のディスカウントストアやカテゴリーキラー，パワーセンターなど
においては，（ ① ）そのままでディスプレイされている商品が多い。

⑷ 生鮮食料品においては，（ ① ）が原産地表示の手段になる場合もある。

⑸ 商品包装の目的は，（ ① ），（ ② ），（ ③ ），（ ④ ），（ ⑤ ），
などがある。

⑹ 包装は，生産から消費までの（ ① ）の流通過程において商品の破損，
汚損などから十分に（ ② ）するためにある。

⑺ 包装は，輸送や保管，使用などに際して取扱いの（ ① ）を高めること
ができる。

⑻ 包装は，販売に適する大きさや重量，個数などにまとめて包装することで，
（ ① ）を形成することができる。

⑼ 包装は，物理的条件を満たすとともに，強力な（ ① ）の機能を合わせ

持っている。

(10) 包装は，顧客の目を引き，好ましい印象を与えることも，販売上での役割として包装自体が（　①　）をしている。

(11) セルフサービス販売方式の店舗が普及したことによって，ほとんどの商品が（　①　）されている。

(12) 商品を包装する際の心構えとは，（　①　）の状態をよく調べる，商品に合わせて細かい（　②　）をする，（　③　）に包む，美しく包む，（　④　）にならない，責任を持って（　⑤　）の念を込めて包む，などである。

2 包装の種類と方法　(解答☞p.154)

(1) 包装の基本形は，（　①　・回転包み），（　②　・キャラメル包み），（　③　・スクエア包み），斜め合わせ包みの4種類である。

(2) 斜め包みは，（　①　）きれいに包めて破れにくく（　②　）で，（　③　）な包装である。

(3) 斜め包みは，（　①　）のある箱や（　②　）の箱は包みにくい。

(4) 合わせ包みは，箱を（　①　）させることができない場合でも包むことができ，包装を開きやすく，（　②　）などに用いられる。

(5) ふろしき包みは，（　①　）させられない，あるいは（　②　）のある場合に便利で，箱を包装紙の（　③　）に斜めに置き，紙の4つの（　④　）を立ち上げて包む包装である。

(6) 包み方では裏返した贈答品の外装品の天地に対して，慶事は，向かって（　①　）が上に重なる（　②　）で包装し，弔事は，向かって（　③　）が上に重なる（　④　）という方法で包装する。

(7) らせん型包装は，カーテンレールや（　①　）のような棒状の商品を包装するとき，商品をくるくる回しながら包装する。

(8) 分割包装は，T型定規のような商品では，2つに分けて包装し，シールは（　①　）にとどめ，他は（　②　）でとめる。

(9) 重量物の包装は，ひもを（　①　），（　②　）にかけて，ずれないように

しっかりと結ぶ。

3 ひものかけ方，リボンのつくり方

(解答☞p. 154)

(1) ひものかけ方は，（ ① ），（ ② ），（ ③ ）などさまざまな型がある。

(2) ひもをかけるときは，包装台から（ ① ）をつき出して行い，商品の（ ② ）でひもを結ぶのが，ゆるまないコツである。

(3) 重い商品は，（ ① ）にひもをかけ，（ ② ）を使って持ちやすくする。

(4) リボンのかけ方には，さまざまなものがある。豪華に飾る場合は（ ① ）をつくる。

4 和式進物包装

(解答☞p. 154)

(1) 水引きの結び方には，花結びともいう（ ① ）と（ ② ）の2種類あり，前者は（ ③ ）もそのことが繰り返されてほしい場合に，後者は（ ④ ）とそのことが繰り返されぬようにという祈りを込めて，弔事および結婚祝いに用いられる。

(2) 表書きは，慶事のときの墨の色は（ ① ），弔事のときは（ ② ）書く。

(3) のし紙を品物にかけるときは，裏側で端が重なる場合は，（ ① ）は向かって右を上に，（ ② ）は向かって左を上にする。

(4) のし紙が品物よりはみ出るときは，（ ① ）に（ ② ）から折り曲げる。

(5) 慶事の場合でも，品物が（ ① ）のときは，のしをつけない。

(6) のしは，のしあわびのことで，長寿や繁栄を意味する（ ① ）として，儀式用の肴に用い，のちに贈り物に添えた。

(7)　あわじ結びは，（　①　）の一種で二度とあって欲しくないことに用い，（　②　），（　③　）の両方に使われる。

(8)　仏事の四十九日の法要の香典返しの表書きには，（　①　），弔明志，満中陰志，が使われるが，主に関西で使われる満中陰志の満中陰とは（　②　）のことである。

解　答　重要キーワード補充問題

1　包装の意義と目的
(1)①輸送　　②保管　　③保護　　④容器
(2)①個装　　②内装　　③外装　　(3)①外装　　(4)①外装
(5)①商品の保護　　②取扱いの利便性　　③販売単位の形成　　④販売促進
　　⑤情報伝達の手段
(6)①市場　　②保護　　(7)①利便性　　(8)①販売単位　　(9)①販売促進
(10)①情報伝達　　(11)①プリパッケージング（事前包装）
(12)①商品　　②配慮　　③スピーディ　　④過剰包装　　⑤感謝

2　包装の種類と方法
(1)①斜め包み　　②合わせ包み　　③ふろしき包み
(2)①手早く　　②丈夫　　③フォーマル
(3)①高さ　　②正方形　　(4)①回転　　②パーソナルギフト
(5)①回転　　②高さ　　③中央　　④角
(6)①右側　　②右前　　③左側　　④左前
(7)①ステッキ　　(8)①１つ　　②セロハンテープ　　(9)①二重　　②三重

3　ひものかけ方，リボンのつくり方
(1)①十文字　　②N字　　③キの字　　(2)①商品　　②角
(3)①ハの字型　　②ハンガー　　(4)①フラワーリボン

4　和式進物包装
(1)①蝶結び　　②結び切り　　③何回　　④二度
(2)①濃く　　②薄く　　(3)①慶事　　②弔事　　(4)①切らず　　②下
(5)①魚　　(6)①縁起物
(7)①結び切り　　②慶事　　③弔事

(8)①志　　②四十九日

第2章

包装技術の基本

本試験形式問題◀

第1問 次のア〜オは，包装の意義について述べている。正しいものには1
を，誤っているものには2を，解答欄に記入しなさい。

ア　個装とは，商品本体そのものを入れる容器で商品個々の商品価値を高める
ものである。

イ　内装とは，荷印とラベルを付加して，保管や内容表示，輸送に必要な梱包
である。

ウ　倉庫型のディスカウントストアやパワーセンターなどにおいては，内装そ
のままでディスプレイされている商品が多い。

エ　生鮮食料品においては，個装が原産地表示の手段になる場合もある。

オ　商品包装の目的には，商品の保護や取扱いの利便性，販売単位の形成，販
売促進，情報伝達の手段などがある。

解答欄	ア	イ	ウ	エ	オ

第2問　次のア～オは，包装の種類と方法，ひものかけ方について述べている。正しいものには1を，誤っているものには2を，解答欄に記入しなさい。

ア　斜め包みは，丈夫に美しく手早く包める包装の基本である。

イ　斜め合わせ包みは，正方形や正方形に近い包装に適した包み方である。

ウ　日常生活の中で贈答においては，慶事か，弔事かで包み方が異なる。

エ　Ｔ型定規のような商品は，2つに分けて包装し細長い柄の部分は，らせん型包装を行い，頭の部分は別に包み，シールもそれぞれ2つの部分に別々にとめる。

オ　ひものかけ方において重い商品は，キの字型にひもをかけ，ハンガーを使って持ちやすくする。

解答欄	ア	イ	ウ	エ	オ

第3問　次のア～オは，和式進物包装について述べている。正しいものには1を，誤っているものには2を，解答欄に記入しなさい。

ア　水引きは，細い「こより」に「水のり」を引いてかため，中央から2色に染め分けたものである。

イ　水引きの結び方で蝶結びは，二度とそのことが繰り返されぬようにという祈りを込めて用いられる。

ウ　表書きでは，慶事のときは墨の色を濃くして書くとよい。

エ　のし紙を品物にかけたとき，裏側で端が重なる場合，慶事は向かって左を

上にする。

オ　のし紙が品物よりはみ出るときは，のし紙の上でなく下のほうを切って使用する。

解答欄	ア	イ	ウ	エ	オ

第4問　次のア～オは，和式進物様式について述べている。正しいものには1を，誤っているものには2を，解答欄に記入しなさい。

ア　表書きが「寿」で，水引きが紅白・金銀の蝶結びは，結婚祝いに使用される。

イ　水引きが金銀・紅白の蝶結び，表書きが「内祝」は，長寿祝いに使用される。

ウ　水引きが紅白の結び切り，表書きが「内祝」は，病気見舞いのお返しに使用される。

エ　表書きの「御霊前」，「御香典」，「志」は，仏事の葬儀，通夜に使用される。

オ　表書きが「内祝」で，水引きが紅白の結び切りは，結婚内祝いに使用される。

解答欄	ア	イ	ウ	エ	オ

解答・解説　本試験形式問題

第1問

【1－2－2－2－1】

　イは，外装のことである。「内装」は，個装を外部圧力から守ることである。ウは，「外装」そのままでディスプレイしている商品が多い。エは，「外装」が原産地表示の手段になる場合もある。

第2問

【1－1－1－2－2】

　エは，シールは1つにとどめ，他はセロハンテープでとめる。オは，ハの字型でひもをかけ，ハンガーを使って持ち運びやすくする。

第3問

【1－2－1－2－2】

　イは，「結び切り」のことである。「蝶結び（花結び）」は，何回もそのことが繰り返されてほしい場合に用いられる。エは，慶事は向かって右を上に，弔事は向かって左を上にする。オは，のし紙は，はみ出るときは，切らずに下から折り曲げる。

第4問

【2－2－2－2－1】

　アは，水引きは結び切りである。イは，表書きは「御祝」である。ウは，表書きは「快気祝」である。エは，「志」は，仏事の香典返しに使用される。

第3章

ディスプレイの基本

➤重要キーワード補充問題

1 ディスプレイの目的と基本的役割

（解答☞ p. 172）

(1)　今日のように商品カテゴリー別に業態間の（　①　）が激化し，また，顧客のニーズが（　②　）した時代では，ただ単に（　③　）を並べるだけではディスプレイの重要性が（　④　）することになる。

(2)　小売業は，顧客に対して短時間で楽に買物ができる（　①　）や1ヵ所で必要な商品を同時に買える（　②　），さらには，より（　③　）で楽しめる体験の場の提供を求められる。

(3)　ディスプレイとは，小売店の対象とする（　①　）が求めている商品を，店舗内で最も（　②　）適切な場所に，できるだけ少ない（　③　）で，効果的に組み合わせて最適量を並べ，関心度の低い顧客にも（　④　）し，買いたくなるように（　⑤　）づける，ことである。

(4)　ディスプレイの評価基準は，商品は（　①　），商品に触れやすいか，商品は（　②　），商品の豊富感があるか，商品は（　③　），ディスプレイの方法は効率的か，の6つである。

(5)　見やすいディスプレイは，商品の形状に大きく（　①　）がないように，（　②　）に見やすくする。商品とそれらの後方の色彩や演出力を高めるための最適な（　③　）を考慮する。

(6)　見やすいことによる売場管理上の効果とは，顧客の（　①　）の解消。

（　②　）の増大と（　③　）の防止。作業の（　④　）による販売費及び一般管理費の（　⑤　）。

(7)　触れやすいディスプレイは，（　①　）などのように触れやすいディスプレイの（　②　）を選ぶ。目立ちにくい商品や（　③　）商品などは，顧客からよく見える（　④　）に行う。陳列台の高さや（　⑤　）を考え，手の届く範囲に行う。

(8)　触れやすいディスプレイを行う目的は，買いたいという（　①　）を起こさせ，その価値を確かめさせる。

(9)　触れやすいディスプレイの留意点は，（　①　）積み上げない。商品を（　②　）すぎない。商品を（　③　）付けたり（　④　）しない。

(10)　選びやすいディスプレイは，ゴンドラ什器を活用する際は，できる限り（　①　）に商品を（　②　）する。関連商品を（　③　）に合わせ，（　④　）にまとめて行う。重点販売の商品には，（　⑤　）を添付する。

(11)　選びやすいディスプレイの留意点は，使用目的や（　①　），色等で商品分類する。（　②　）などで商品を明確に仕切る。どのような（　③　）で商品分類しているか，顧客にわかるようにする。（　④　）を目的の商品に添えて主張する。

(12)　選びやすいディスプレイのメリットは，顧客の（　①　）な購買を促進できる。（　②　）の商品がどこかわかりやすい。ついで（　③　）が増える。商品の（　④　）や補充がしやすい。

(13)　豊富感があるディスプレイは，売場の（　①　）に合わせて，顧客の（　②　）を集める数量を考える。商品の種類は，用途や機能面などからみて（　③　）のないようにする。特売や季節商品は，（　④　）が出るように，（　⑤　）を重視する。

(14)　商品の豊富感を高めるためには，（　①　）の中で（　②　）の数を多くする，（　③　）の数を多くする，（　④　）と（　⑤　）の両方を多くする，などの方法がある。

(15)　幅広い品ぞろえとは，品群を広げて品種の数を増やし何でもそろう（

①　）を実現する手法である。

⒃　商品を魅力的にするためには，（　①　）がつかないように，（　②　）さを保てるディスプレイにする。（　③　）して選べる（　④　）を考える。色彩や（　⑤　）に工夫をこらす。

⒄　より高い効果が得られる魅力的ディスプレイは，（　①　）や（　②　）などによる影響が大きく，特に注目すべきは，（　③　）の組合せである。

⒅　効率的ディスプレイは，（　①　）が出ないように，適切な（　②　）を予測する。（　③　）に（　④　）がかかりすぎないようなディスプレイの手法を選ぶ。

⒆　ディスプレイの（　①　）に時間をかけず，（　②　）に多くの商品を補充をする方法によって，売場は（　③　）が払拭されて（　④　）が低下し，販売効率の向上に寄与できる。

⒇　ゴンドラ陳列においては，床上60cm〜170cmまでがディスプレイの（　①　）と位置づけられ，85cm〜125cmまでの部分を（　②　）と呼んでいる。

▌**2** ディスプレイの基本的パターン(解答☞p.172)

⑴　陳列器具の形状によるパターンは，平台陳列，（　①　），ゴンドラ陳列，フック陳列，（　②　），ショーケース陳列，（　③　），ステージ陳列，カットケース陳列である。

⑵　平台陳列は，（　①　）・（　②　）・（　③　）の3部門にわたり，最も広く使用されているディスプレイの一つである。

⑶　平台陳列のメリットは，陳列台の高さが（　①　）ので，店内の（　②　）がよくなる。平台は（　③　）ために，店内のどこにでも（　④　）配置できる。

⑷　平台陳列のデメリットは，商品を（　①　）積みすぎると，（　②　）やすい。

(5)　平台陳列の効果的な使い方は，高さを（　①　）する。（　②　）を利用する。商品を一定の基準で（　③　）し，表示する。（　④　）を利用する。（　⑤　）を利用する。

(6)　ハンガー陳列は，（　①　）のディスプレイに最も多く利用されている。

(7)　ハンガー陳列のメリットは，（　①　）しにくい。

(8)　ハンガー陳列のデメリットは，（　①　）などの分類の間違いを発見しにくい。商品の（　②　）が見にくい。（　③　）や汚れがつきやすい。

(9)　ゴンドラ陳列は，主に最寄品の（　①　）を主体にし，多数の（　②　）をわかりやすく訴求するディスプレイである。

(10)　ゴンドラ陳列のメリットは，（　①　）をそろえて見やすさを演出できる。

(11)　ゴンドラ陳列のデメリットは，商品の補充と（　①　）作業を怠ると（　②　）に空きスペースができて，商品陳列の乱れが目立つ。

(12)　ゴンドラ陳列の留意点は，商品の間に（　①　）をつくらない。商品の（　②　）を明確にする。商品（　③　）を怠らない。

(13)　フック陳列は，フック用に（　①　）された商品を（　②　）に直接かけるディスプレイである。

(14)　フック陳列のメリットは，（　①　）がすぐわかる。

(15)　フック陳列のデメリットは，（　①　）陳列できない。

(16)　フック陳列の効果的な方法は，（　①　）すぎない。取りやすい（　②　）を考える。商品がすくなくなったら（　③　）陳列する。（　④　）を調整し，商品のフェイスをそろえる。（　⑤　）の汚損や破損を取り除く。空きスペースをつくらない。

(17)　ボックス陳列は，いくつかの（　①　）を積み重ねた什器で，（　②　）基準に従うディスプレイである。

(18)　ボックス陳列のメリットは，商品の（　①　）や（　②　）で分類しやすい。商品選定の（　③　）がわかりやすい。

(19)　ボックス陳列のデメリットは，商品の（　①　）が見にくい。整理に（　②　）がかかる。商品がたたみにくいために，顧客が（　③　）に取って見

ようとしない。

⒇ ショーケース陳列は，商品をケースの中に（ ① ），商品を取り出して
顧客に見せるディスプレイである。

(21) ショーケース陳列のメリットは，（ ① ）にくい。（ ② ）イメージが
出せる。

(22) ショーケース陳列のデメリットは，（ ① ）のすべてが見えにくい。商
品に（ ② ）にくい。

(23) ショーケース陳列の対象となる商品は，（ ① ）を要する商品，趣味・
（ ② ）に富み，比較的単価の高い商品，比較的（ ③ ）の手持ち在庫
で販売する商品，（ ④ ）を出したり，保存・整理などを重視する商品で
ある。

(24) エンド陳列は，ゴンドラの通路に顧客を（ ① ）するためのディスプレ
イである。

(25) エンド陳列のメリットは，（ ① ）や売りたい商品を（ ② ）できる。
価格の（ ③ ）を訴求できる。

(26) エンド陳列のデメリットは，よく売れる（ ① ）であるために，売場が
乱れやすい。

(27) エンド陳列に適した商品は，購買頻度の（ ① ）商品，（ ② ）して
使うような商品，（ ③ ）商品，（ ④ ）商品，単価の（ ⑤ ）商品で
ある。

(28) エンド陳列のポイントは，（ ① ）積みすぎない。（ ② ）をふさがな
い。多くのアイテムを（ ③ ）しない。目立つ（ ④ ）を必ずつける。
（ ⑤ ）に気をつける。

(29) ステージ陳列は，（ ① ）をつくり，（ ② ）をつくるディスプレイで
ある。

(30) ステージ陳列のメリットは，（ ① ），季節商品を強調できる。よく見え
て，（ ② ）を訴求できる。

(31) ステージ陳列のデメリットは，（ ① ）が高くつく。陳列作業に時間と

（　②　）を要する。

⑶2　ステージ陳列の留意点は，（　①　）に効果的な位置に設置する。（
　②　）を設定する。（　③　）陳列をする。（　④　）として，補助器具など
を活用する。（　⑤　）を主張する。定期的にディスプレイの変更作業をす
る。

⑶3　カットケース陳列は，商品の入っている（　①　）を利用するディスプレ
イである。

⑶4　カットケース陳列のメリットは，（　①　）にディスプレイできる。（
　②　）を訴求できる。

⑶5　カットケース陳列のデメリットは，ダンボールケースの（　①　）が必要
である。

⑶6　カットケース陳列のポイントは，箱をきれいに（　①　）する。（
　②　）を低く，（　③　）を斜めに切る。（　④　）を速やかに取り除く。
　（　⑤　）を付ける。顧客側からよく見えるように，商品のフェイスをそろ
える。

⑶7　販売方法の特徴によるディスプレイのパターンは，前進立体陳列，先入れ
先出し陳列，（　①　）陳列，（　②　）陳列，オープン陳列，（　③　）陳
列，（　④　）陳列，島陳列，（　⑤　）陳列などである。

⑶8　前進立体陳列は，商品の（　①　）をそろえて商品の（　②　）を演出す
るディスプレイである。

⑶9　前進立体陳列のメリットは，（　①　）やすい。（　②　）やすい。

⑷0　前進立体陳列のデメリットは，商品を（　①　）するときに引っ込んだ商
品を元に戻さなければならない。

⑷1　前進立体陳列の実施上のポイントは，商品の（　①　）の部分がないよう
にする。（　②　）を徹底する。（　③　）を徹底する。商品の（　④　）を
利用して積み上げる。（　⑤　）を活用し，分類する。

⑷2　先入れ先出し陳列は，どちらかといえば，（　①　）や（　②　）の面か
ら求められるディスプレイである。

⑷ ジャンブル陳列は，（　①　）ともいわれ，商品をカゴやバケツなどに（　②　）ようなディスプレイである。

⑷ ジャンブル陳列のメリットは，ディスプレイにそれほど（　①　）がかからない。取りやすさの面で親しみがあり，（　②　）のイメージも出せる。

⑷ ジャンブル陳列のデメリットは，商品が少ないと，（　①　）のイメージが強く表れる。品質イメージが（　②　）する。

⑷ ジャンブル陳列に適切な商品は，（　①　）商品，（　②　）が誰にもわかる商品，（　③　）買いをする商品である。

⑷ ジャンブル陳列のポイントは，１つのカゴなどには，（　①　）または（　②　）の商品群に限定する。（　③　）を付ける。（　④　）商品を入れない。

⑷ コーディネート陳列は，（　①　）の異なる商品を（　②　）て，全体を調和させるディスプレイである。

⑷ コーディネート陳列のメリットは，売場にも（　①　）をつけられる。（　②　）の販売に結びつけられる。

⑸ コーディネート陳列のデメリットは，大変（　①　）がかかる。異なる商品を組み合わせるための（　②　）や（　③　）が必要となる。異なる商品を組み合わせるため（　④　）もバラバラとなる。

⑸ コーディネート陳列のテーマは，（　①　）関連，（　②　）関連，（　③　）関連，のパターンがある。

⑸ オープン陳列は，（　①　）ともいわれ，顧客が（　②　）に触れられるようにするディスプレイである。

⑸ オープン陳列のメリットは，商品を（　①　）に触れることができ，（　②　）確認できる。商品を（　③　）する手間が省ける。

⑸ オープン陳列のデメリットは，（　①　）がたまったり，照明によって（　②　）があせたりする。

⑸ サンプル陳列は，（　①　）のディスプレイである。

⑸ サンプルをディスプレイする目的は，ディスプレイ作業の（　①　）を省

く。使ったときの（　②　）を示す。顧客の（　③　）を集める。商品の
（　④　）を見せる。商品の（　⑤　）を防ぐ。

⑸7　サンプル陳列のメリットは，商品を（　①　）に取って見ることが容易で
あるために，使ったときの（　②　）を伝えやすい。顧客の（　③　）を集
めることができる。

⑸8　サンプル陳列のデメリットは，（　①　）が出せない。（　②　）を設けな
ければならない。

⑸9　レジ前陳列は，衝動買いの（　①　）機能を果たすディスプレイである。

⑹0　レジ前陳列のメリットは，レジを（　①　）する多くの顧客の目につく。
商品に（　②　）やすい。ついで買いを（　③　）させる。

⑹1　レジ前陳列のデメリットは，レジ前が（　①　）する。（　②　）選べな
い。

⑹2　レジ前陳列を効果的に行うための留意点は，レジスターよりも商品を（
①　）積み上げない。レジへの（　②　）に商品をはみ出させない。こまめ
に（　③　）と商品の補充を行う。

⑹3　島陳列は，店内主通路の（　①　）に，平台やカゴなどの什器で小さな陳
列をして，回遊する顧客の（　②　）を引くディスプレイである。

⑹4　島陳列のメリットは，取りやすく，（　①　）を起こさせる。多くの顧客
の目につき，（　②　）ができる。

⑹5　島陳列のデメリットは，通路を（　①　）して，（　②　）のじゃまにな
る。

⑹6　島陳列を実施する際の留意点は，広い（　①　）だけに限定する。（
②　）島陳列をつくらない。同一商品を（　③　）ディスプレイしない。曲
がり角や（　④　）の前にディスプレイしない。POP広告や（　⑤　）を
必ず付ける。

⑹7　壁面陳列は，最も（　①　）なタイプのディスプレイである。

⑹8　壁面陳列のメリットは，床から（　①　）まで自由なディスプレイ，（
②　）ができ，迫力が出せる。幅広い（　③　）なディスプレイで，商品の

（　④　）が強調できる。

⑹　壁面陳列のデメリットは，ディスプレイに（　①　）がかかる。

⑺　壁面陳列を実施する際の留意点は，顧客の（　①　）を重視した陳列をする。顧客の（　②　）を引き止める魅力を醸し出す。（　③　）で単調にならないようにする。（　④　）なポイント陳列を考える。（　⑤　）の高さ部分に，売りたい商品や売れる商品を集中させる。

---

3 ファッション衣料品業界のディスプレイ技術

（解答☞p. 174）

⑴　ファッション衣料品のディスプレイの基本的テクニックとしては，（　①　）と（　②　）が重要である。

⑵　空間コーディネートの6種類のパターンとは，（　①　）・（　②　）・（　③　）・非対称構成・（　④　）・拡散構成，である。

⑶　三角構成は，商品，マネキンのボディ，プロップなどの配置や（　①　）構成を行う際の基本となる構成であり，（　②　）の全体を対象として，立体的（　③　）を意図した枠にまとめる方法である。

⑷　リピート構成は，同一品目内，同一カラー内など，同じ（　①　）を繰り返して，（　②　）全体をひと目でわかりやすく主張するのに適した構成である。

⑸　リピート構成は，（　①　）と（　②　）があるので，遠方からの商品の（　③　）が良好というメリットがある。

⑹　対称構成（シンメトリー構成）は，左右対称にディスプレイする構成パターンで，落ち着いた感じを演出できるため，（　①　）な商品などに適している。

⑺　非対称構成（アシンメトリー構成）は，意図的に左右のバランスを崩して非対称とすることで，（　①　）や（　②　）を演出する。

⑻　集中構成は，商品を（　①　）に集中する構成のため，（　②　）が集中

するので商品の特徴や質感などを訴求する場合に適している。

(9)　拡散構成は，ウインドからはみ出るように配置した構成のため，（
　　①　）や広がりを感じさせ，商品やブランドの（　②　）の表現に適してい
　　る。

(10)　カラーコーディネートをして売場を演出する5つのポイントとは，（
　　①　）から目立つこと，テーマカラーで（　②　）すること，（　③　）を
　　統一すること，（　④　）を使うこと，カラーライゼーションのルールなど
　　である。

(11)　遠くから目立つとは，目立つディスプレイを表現する場合は，（　①　）
　　の高い色を使用するとよいといえる。

(12)　テーマカラーで統一するとは，色にはイメージがあるので，商品の（
　　①　）を絞り込んでテーマカラーを統一しディスプレイすると，打ち出した
　　い（　②　）を鮮明にすることができる。

(13)　色調を統一するとは，色の（　①　）と（　②　）の組合せによって演出
　　される（　③　）を統一すると，まとまり感のあるディスプレイになる。

(14)　アクセントカラーを使うとは，色づかいの地味目な商品の場合は，（
　　①　）だけアクセントカラーを使用すると（　②　）が演出できる。

(15)　カラーライゼーションのルールとは，色数の多い場合，ディスプレイする
　　（　①　）に（　②　）をもたせると（　③　）で落ち着きのある演出がで
　　きることである。

(16)　カラーコーディネート関連の重要な用語としては，（　①　），（　②　），
　　（　③　），グラデーション，セパレーションなどがある。

(17)　ビジュアルマーチャンダイジングとは，売場において重点商品をどう主張
　　するかという（　①　）や，どのように購入してもらうかという提案方法を
　　具体化した（　②　）での（　③　）政策を意味する。

(18)　カラーコントロールとは，店舗固有の（　①　）を醸し出す（　②　）技
　　術であり，顧客の（　③　）を店舗入口から店内奥へと導く（　④　）効果
　　を引き出すことができる。

⒆ アクセントカラーとは，売場やディスプレイの中に（ ① ）をつくるため，ある商品を対象に（ ② ）を打ち出すことである。

⒇ グラデーションとは，規則正しく徐々に色を変えていくことであり，（ ① ）は色相のグラデーションを代表するシンボルである。

㉑ セパレーションとは，商品を（ ① ）させることであり，隣接する商品同士を分離してメリハリをつけたり，商品の間に（ ② ）などを挟み込み印象度を和らげる配色の方法である。

㉒ ディスプレイ・パターン関連の重要な用語には，（ ① ）・（ ② ）・（ ③ ）・（ ④ ），がある。

㉓ ハンギングとは，商品を（ ① ）に掛けて見せるディスプレイ・パターンのことである。

㉔ フォールデッドとは，商品を（ ① ）見せるディスプレイ・パターンのことである。

㉕ フェースアウトとは，ハンギングの陳列のうち，商品の（ ① ）を見せるディスプレイ・パターンのことである。

㉖ スリーブアウトとは，ハンギングの陳列のうち，商品の（ ① ）を見せるディスプレイ・パターンのことである。

㉗ ファッション衣料品における什器備品関連の重要な用語とは，（ ① ）・（ ② ）・（ ③ ）・（ ④ ）・トルソー・ライザーなどである。

㉘ プロップとは，ステージやショーウインドウなどのディスプレイで使用する演出（ ① ）のことである。

㉙ リアルマネキンとは，人体を（ ① ）に再現したマネキンのことである。

㉚ アブストラクトマネキンとは，頭，手，肩などの身体の一部を（ ① ）したマネキンや，顔のつくりが（ ② ）な個性の強いマネキンのことである。

㉛ スカルプチュアマネキンとは，頭がない，ヘアと肌が１色などのように，マネキンの（ ① ）を彫刻的に製作したマネキンのことである。

㉜ トルソーとは，布張りや合成樹脂などでつくられた（ ① ）のボディの

ことである。

(33)　ライザーとは，卓上トルソー，レリーフ型ボディ，帽子のスタンドなどの陳列（　①　）のことである。

(34)　ショーウインドウは，店舗の（　①　）といわれ，（　②　）に設けるのが一般的である。

(35)　ショーウインドウ陳列を実施する際の留意点は，足を止めさせる（　①　）を明確にする。（　②　）の興味や関心を引くテーマを表現する。季節感や（　③　）などをタイムリーに打ち出す。量感や（　④　）を十分に表現するように工夫をこらす。顧客を誘導できるような（　⑤　）を策定する。

解答 重要キーワード補充問題

1 ディスプレイの目的と基本的役割

(1)①競争　　②多様化　　③商品　　④希薄化

(2)①ショートタイムショッピング　　②ワンストップショッピング

　③エキサイティング

(3)①顧客　　②見やすい　　③作業時間　　④PR　　⑤動機

(4)①見やすいか　　②選びやすいか　　③魅力的か

(5)①バラツキ　　②全体的　　③照明

(6)①不便さ　　②販売機会　　③販売機会ロス　　④効率化　　⑤削減

(7)①裸陳列　　②方法　　③小さな　　④位置　　⑤奥行き

(8)①衝動　(9)①高く　　②詰め　　③貼り　　④結んだり

(10)①縦型　　②分類　　③テーマ　　④1ヵ所　　⑤POP広告

(11)①価格帯　　②仕切板　　③基準　　④POP広告

(12)①スピーディ　　②目的　　③買い　　④整理

(13)①スペース　　②注目　　③不備　　④迫力　　⑤ボリューム

(14)①品種　　②品目　　③品種　　④品種　　⑤品目　(15)①便利性

(16)①ほこり　　②清潔　　③比較　　④楽しみ　　⑤並べ方

(17)①設備　　②什器　　③商品

(18)①在庫（売れ残り）　　②数量　　③作業　　④時間

(19)①作業　　②効率的　　③品薄感　　④欠品率

(20)①有効的範囲　　②ゴールデンライン

2 ディスプレイの基本的パターン

(1)①ハンガー陳列　　②ボックス陳列　　③エンド陳列

(2)①衣　　②食　　③住

(3)①低い　　②見通し　　③軽い　　④移動　(4)①高く　　②崩れ

(5)①制限　　②仕切板　　③分類　　④パッケージ　　⑤アンコ（ダミー）

(6)①衣料品　　(7)①型崩れ　　(8)①サイズ　　②フェイス　　③ほこり

(9)①定番商品　　②アイテム　　(10)①フェイス

(11)①前出し　　②棚板　　(12)①すき間　　②分類　　③補充

(13)①パッケージ　　②フックバー　　(14)①在庫量　　(15)①大量

(16)①詰め　　②高さ　　③前進　　④フックバー　　⑤商品パック

(17)①箱　　②分類　　(18)①色　　②サイズ　　③基準

(19)①デザイン（全体）　　②時間　　③手　　(20)①収め

(21)①汚れ　　②高級　　(22)①商品　　②触れ

(23)①説明　　②嗜好性　　③少量　　④清潔感

(24)①誘引　　(25)①新商品　　②PR　　③安さ　　(26)①場所

(27)①高い　　②買いだめ　　③特売　　④季節　　⑤安い

(28)①高く　　②通路　　③ディスプレイ　　④POP広告

　　⑤カラーコントロール

(29)①ステージ（舞台）　　②クローズアップ・ポイント（集視ポイント）

(30)①流行品　　②装着感　　(31)①スペースコスト　　②技術

(32)①店内誘導（回遊性）　　②テーマ　　③コーディネート　　④脇役

　　⑤価値観

(33)①ダンボール箱　　(34)①大量　　②安さ　　(35)①カット作業

(36)①カット　　②前側　　③両サイド　　④空箱　　⑤POP広告

(37)①ジャンブル　　②コーディネート　　③サンプル　　④レジ前　　⑤壁面

(38)①フェイス　　②迫力感　　(39)①触れ　　②選び　　(40)①補充

(41)①空き　　②先入れ先出し陳列　　③前出し　　④形　　⑤仕切板

(42)①在庫管理　　②商品管理　　(43)①投込み陳列　　②投げ込んだ

(44)①手間　　②安さ　　(45)①売れ残り　　②低下

(46)①小型　　②商品価値　　③必要

(47)①１品目　　②１テーマ　　③プライスカード　　④高価格

(48)①複数　　②組み合わせ　　(49)①変化　　②関連商品

(50)①手間　　②感性　　③技術力　　④価格帯

(51)①用途　　②客層　　③購買頻度　(52)①裸陳列　　②自由

(53)①自由　　②直接　　③説明　(54)①ほこり　　②色　(55)①見本品

(56)①手間　　②様子　　③関心　　④組合せ　　⑤ロス

(57)①手　　②価値　　③注目　(58)①量感　　②在庫スペース

(59)①促進　(60)①通過　　②触れ　　③誘発

(61)①混雑　　②ゆっくり　(62)①高く　　②通路面　　③手入れ

(63)①中央　　②注目　(64)①衝動買い　　②大量販売

(65)①狭く　　②買物

(66)①（主）通路　　②数多く　　③長期間　　④エンド　　⑤プライスカード

(67)①ポピュラー　(68)①天井　　②収納　　③立体的　　④豊富感

(69)①時間

(70)①回遊性　　②足　　③画一的　　④見出し的　　⑤有効陳列範囲

3　ファッション衣料品業界のディスプレイ技術

(1)①空間コーディネート　　②カラーコーディネート

(2)①三角構成　　②リピート構成　　③対称構成

　　④集中構成　　(3)①空間　　②ディスプレイ・スペース　　③三角形

(4)①陳列展開　　②品ぞろえ

(5)①ボリューム感　　②リズム感　　③認知性　　(6)①フォーマル

(7)①躍動感　　②斬新な感じ　　(8)①１カ所　　②視線

(9)①スケール　　②世界観

(10)①遠く　　②統一　　③色調　　④アクセントカラー

(11)①誘目性　(12)①色合い　　②イメージ

(13)①明るさ（明度）　　②鮮やかさ（彩度）　　③色調（トーン）

(14)①１色　　②メリハリ感　(15)①順番　　②規則性　　③自然

(16)①ビジュアルマーチャンダイジング　　②カラーコントロール

　　③アクセントカラー　(17)①視覚効果　　②視覚面　　③品ぞろえ

(18)①トータルイメージ　　②ディスプレイ　　③目　　④視線誘導

174

⒆①注目ポイント　②強調色　⒇①虹　(21)①分離　②無彩色

(22)①ハンギング　②フォールデッド　③フェースアウト

　④スリーブアウト

(23)①ハンガー　(24)①畳んで　(25)①正面　(26)①袖（サイド）

(27)①プロップ　②リアルマネキン　③アブストラクトマネキン

　④スカルプチュアマネキン　(28)①小道具　(29)①忠実

(30)①デフォルメ（変形・歪曲）　②抽象的　(31)①頭部　(32)①上半身

(33)①補助器具　(34)①飾り窓　②入口部分

(35)①集視ポイント　②メインターゲット　③話題性　④ムード

　⑤導線計画

第3章

ディスプレイの基本

本試験形式問題◀

第1問 次の文章は，ディスプレイの原則について述べている。文中の
〔　〕の部分に，下記に示すア～オのそれぞれの語群から最も適当
なものを選んで，解答欄にその番号を記入しなさい。

　小売業は，ショートタイムショッピングやワンストップショッピング，さら
に，よりエキサイティングで楽しめる〔　ア　〕の場を提供することが強く求
められている。つまり，ショーケースや陳列台，陳列補助器具，イラスト付
POP広告などを〔　イ　〕に活用し，顧客のさまざまなニーズに対応した〔
ウ　〕の確立によって，〔　エ　〕を強く訴求する〔　オ　〕を演出すること
が重要となっているのである。

【語　群】
ア〔1．試食　2．体験　3．交流　4．会話〕
イ〔1．一様　2．画一的　3．間接的　4．効果的〕
ウ〔1．専門店　2．量販店　3．業種　4．業態〕
エ〔1．商品価値　2．キャッチコピー　3．安さ　4．利便性〕
オ〔1．陳列　2．空間　3．接客　4．ショッピング〕

解答欄	ア	イ	ウ	エ	オ

第2問 次のア～オは，ディスプレイの評価基準について述べている。正しいものには1を，誤っているものには2を，解答欄に記入しなさい。

ア　商品は見やすいかとは，単に商品全体が見えることでなく，顧客にとって購買意欲が強く働くようにディスプレイすることである。

イ　商品に触れやすいかとは，認知度が低い死に筋商品や売りたい商品を売場の中で顧客の手に届く効率のよい部分にディスプレイすることである。

ウ　商品は選びやすいかとは，顧客が売場の担当者に聞かなくても，自分で見て購買決定の判断ができるようにディスプレイすることである。

エ　商品の豊富感があるかとは，品種の中で品目の数を多くする，品種の数を多くする，品種と品目の両方を多くするディスプレイをすることである。

オ　商品は魅力的かとは，主力商品に関連する周辺商品を組み合わせることによって，商品自体の魅力を訴求するディスプレイをすることである。

解答欄	ア	イ	ウ	エ	オ

第3問 次のア～オは，器具による陳列パターンのメリットについて述べている。正しいものには1を，誤っているものには2を，解答欄に記入

しなさい。

ア　平台陳列は新商品や売りたい商品をPRできる。

イ　ハンガー陳列は型崩れしにくい。

ウ　ボックス陳列は商品選定の基準がわかりやすい。

エ　エンド陳列は軽いために，店内のどこでも移動配置できる。

オ　ステージ陳列は，店全体のイメージアップがはかれる。

解答欄	ア	イ	ウ	エ	オ

第4問　次のア～オは，販売方法による陳列パターンのデメリットについて述べている。正しいものには1を，誤っているものには2を，解答欄に記入しなさい。

ア　ジャンブル陳列は品質イメージが低下する。

イ　コーディネート陳列は大変手間がかかる。

ウ　オープン陳列は，レジ前が混雑する。

エ　サンプル陳列は，商品陳列数量が多いため，作業の手間がかかる。

オ　島陳列は，通路を狭くして，買物のじゃまになる。

解答欄	ア	イ	ウ	エ	オ

第5問　次のア～オは，ディスプレイの基本的パターンについて述べている。
正しいものには1を，誤っているものには2を，解答欄に記入しなさい。

ア　平台陳列は，棚板で区切って商品を置き，補充と前出し作業を徹底する陳
列である。

イ　フック陳列は，衣料品のディスプレイに最も多く利用されている陳列であ
る。

ウ　エンド陳列は，ゴンドラ陳列内に顧客を誘引する役割をもった陳列である。

エ　ステージ陳列は，店内におけるクローズアップ・ポイントをつくることを
ねらいとした陳列である。

オ　カットケース陳列は，商品を出したあとのダンボール箱を利用する陳列で
ある。

解答欄	ア	イ	ウ	エ	オ

第6問　次の文章は，ファッション衣料品業界のディスプレイ技術について
述べている。文中の〔　　〕の部分に，下記に示すア～オのそれぞれ
の語群から最も適当なものを選んで，解答欄にその番号を記入しなさい。

　ファッション衣料品のディスプレイに必要な基本的テクニックとしては，
〔　ア　〕と〔　イ　〕の2つが重要である。アには，大きく分けて，〔
ウ　〕構成，左右対称にディスプレイする〔　エ　〕構成などの6種類のパ
ターンがある。また，商品の色を組み合わせて**イ**し，売場を演出するポイント
としては，「テーマカラーで統一する」，ディスプレイする順番に規則性をもた

せる「〔　オ　〕のルール」などの５つがあげられる。

【語　群】

ア〔1．空間コーディネート　2．ビジュアルマーチャンダイジング

　　3．グラデーション　4．デザイン〕

イ〔1．カラーコントロール　2．アクセントカラー

　　3．カラーコーディネート　4．コントラスト〕

ウ〔1．リピート　2．分散　3．パラレル　4．ビジュアル〕

エ〔1．アシンメトリー　2．集中　3．拡散　4．シンメトリー〕

オ〔1．フェイスアウト　2．カラーライゼーション　3．ハンギング

　　4．セパレーション〕

解答欄	ア	イ	ウ	エ	オ

第7問　次のア～オは，ファッション衣料品における什器備品関連の用語について述べている。正しいものには１を，誤っているものには２を，解答欄に記入しなさい。

ア　プロップとは，ステージなどで使用する演出小道具のことである。

イ　リアルマネキンとは，身体の一部をデフォルメしたマネキンのことである。

ウ　スカルプチュアマネキンとは，頭部を彫刻的に製作したマネキンのことである。

エ　トルソーとは，布張りなどでつくられた上半身のボディのことである。

オ　ウォーターフォールとは，帽子のスタンドなどの陳列補助器具のことであ

る。

解答欄	ア	イ	ウ	エ	オ

| 解答・解説 | 本試験形式問題 |

第1問
【2-4-4-1-2】

　小売業に求められる空間の演出についての出題である。

第2問
【1-2-1-1-1】

　イは，認知度が高い売れ筋商品をディスプレイする。

第3問
【2-1-1-2-1】

　アは，エンド陳列，エは，平台陳列のメリットである。

第4問
【1-1-2-2-1】

　ウは，レジ前陳列のデメリットである。エは，エンド陳列のデメリットである。

第5問
【2-2-1-1-2】

　アは，ゴンドラ陳列である。イは，ハンガー陳列である。オは，商品の入っているダンボール箱を利用して陳列する方法である。

第6問
【1-3-1-4-2】

　空間コーディネートの，三角構成・リピート構成・対称（シンメトリー）構成・非対称（アシンメトリー）構成・集中構成・拡散構成，の6種類を理解す

る。カラーコーディネートの基本の5つのポイントに関する理解も大切である。

第7問

【1－2－1－1－2】

イは，アブストラクトマネキン，オは，ライザーに関することである。

4

マーケティング

第1章

小売業のマーケティングの基本
➤重要キーワード補充問題

1 小売業のマーケティングの基本知識

（解答☞p.188）

(1) 小売業においては，マーチャンダイジングと店舗オペレーションが主体となる。ミクロの視点から自己の商圏を刺激し，（ ① ）を活用して新たな購買需要を創造する（ ② ）を展開することが求められている。

(2) 消費財メーカーのマーケティングは，（ ① ）であり，マスである大衆に対して，自社の（ ② ）の拡大を目指す。

(3) 小売業は，限られた商圏に立地する自己の店頭で，一人ひとりの顧客へ少量ずつ販売する（ ① ）レベルのマーケティングであり，パーソナルに対して，（ ② ）の拡大を目指す。

(4) 小売業は，自社の業態特性や商圏内顧客のニーズやライフスタイルに合わせて，どのような（ ① ）の売場構成にすべきかという（ ② ）が重要である。

(5) 小売業は，店頭を活用したイベントやキャンペーンなどを中心として，（ ① ）の購買需要を刺激し，顧客の（ ② ）を促している。

(6) 小売業は，仕入れた商品の（ ① ）に基づく適正な売価設定を行う。自己の業態や商圏の特性，（ ② ）の状況を考慮し，店舗ごとに公正な売価を設定する。

(7) 小売業は，商圏内の（ ① ）の顧客に対する（ ② ）の選定が重要と

なる。出店する地域に対して，事前に商圏や競争店などの（　③　）を行う。

2 ４Ｐ理論の小売業への適用　　（解答☞p.188）

(1)　小売業のマーケティング展開においては，商品を売る相手は通常，商圏内の（　①　）の顧客に限定される。小売業のプレイスとは，商圏（立地）の選定および（　②　）による出店が基本となる。

(2)　小売業は，各メーカーが開発したさまざまな製品を，自社の業態特性や商圏内顧客のニーズや（　①　）に適合させ，どのようなカテゴリー（品種）の売場構成にすべきかという（　②　）（商品化政策）の策定がマーケティング戦略の課題となる。

(3)　小売業の価格政策は，仕入れた商品の値入にもとづく（　①　）の公正価格を基本としている。自己の業態や商圏の特性，経済状況，そして（　②　）の売価設定状況などを考慮に入れ，地域（店舗）ごとに偽りのない公正な売価を設定する。

(4)　小売業のプロモーションは，店舗を活用した地域に因んだイベントや新商品のキャンペーン，クーポン券の発行などの活動を中心として，地域の購買需要を刺激することによって顧客の（　①　）（固定客化）を促し，１店舗当たりの売上と利益の増加をはかることを目標とする。小売業は，（　②　）（各種の店舗活動を媒体とする狭域的商圏）の展開となる。

| 解　答 | 重要キーワード補充問題 |

1　小売業のマーケティングの基本知識

(1)①店頭　　②マイクロ・マーケティング

(2)①マクロ・マーケティング　　②ブランドシェア

(3)①マイクロ　　②顧客シェア　　(4)①カテゴリー　　②商品化政策

(5)①地域　　②継続的来店　　(6)①値入れ　　②競争店舗

(7)①特定多数　　②立地　　③マーケティング・リサーチ

2　4P理論の小売業への適用

(1)①特定少数　　②業態開発

(2)①ライフスタイル　　②マーチャンダイジング

(3)①地域基準　　②競争店

(4)①継続的来店　　②リージョナルプロモーション

第1章

小売業のマーケティングの基本

本試験形式問題◄

第1問 次のア～オは，マーケティングとは何かについて述べている。正しいものには1を，誤っているものには2を，解答欄に記入しなさい。

ア　マーケティングとは，対象となる市場において企業が自己の優位性を得ようとするための販売に関する諸活動の革新ともいえる。

イ　マーケティングは，顧客満足度を高めるために，製品開発，流通政策，販売促進，価格設定を戦略的な活動として行うことである。

ウ　マーケティングは，競合する企業に対して差別化戦略や個性化戦略を推進し，自己の競争優位性を発揮することである。

エ　小売業のマーケティングは，マーチャンダイジングと店舗オペレーションが今後とも主体となる。

オ　小売業のマーケティングは，小売店頭を活用して新たな購買需要を創造するニッチ・マーケティングを展開することが求められている。

解答欄	ア	イ	ウ	エ	オ

第2問 次の文章は，メーカーのマーケティングについて述べている。文中
　　　の〔　　〕の部分に，下記に示すア～オのそれぞれの語群から最も適
　　　当なものを選んで，解答欄にその番号を記入しなさい。

　消費財メーカーのマーケティングは，〔　ア　〕であるといえる。開発した
自社商品を，〔　イ　〕をPRに活用し，効率的に大量に〔　ウ　〕へと押し
流して〔　エ　〕を拡大する方式である。販売エリアは，全国的または〔
オ　〕である。

【語　群】
ア〔1．大規模　2．多様性　3．集中マーケティング
　　4．マス・マーケティング〕
イ〔1．マスメディア　2．テレビ広告　3．新聞広告
　　4．インターネット〕
ウ〔1．大規模小売店　2．商社　3．流通　4．卸売業〕
エ〔1．商品シェア　2．販売地域　3．販売シェア　4．認知度〕
オ〔1．地域　2．国際的　3．都市部　4．郊外部〕

解答欄	ア	イ	ウ	エ	オ

第3問 次の文章は，小売業のマーケティングについて述べている。文中の
　　　〔　　〕の部分に，下記に示すア～オのそれぞれの語群から最も適当
　　　なものを選んで，解答欄にその番号を記入しなさい。

　小売業のマーケティングは，限られた〔　ア　〕に立地する自己の店頭で，さまざまな商品を一人ひとりの顧客に〔　イ　〕ずつ販売する〔　ウ　〕のマーケティングである。小売業では，来店率と〔　エ　〕に示される〔　オ　〕の拡大を目的としている。

【語　群】

ア〔1．市町村　2．商圏　3．商業地　4．地域〕

イ〔1．1個　2．中量　3．大量　4．少量〕

ウ〔1．地域レベル　2．都市レベル　3．限定レベル
　　4．マイクロレベル〕

エ〔1．集客率　2．立寄率　3．購買率　4．視認率〕

オ〔1．顧客シェア　2．市場シェア　3．店舗シェア　4．立地〕

解答欄	ア	イ	ウ	エ	オ

第4問　次のア〜オは，メーカーと小売業のマーケティング・ミックスである4Pの違いについて述べている。正しいものには1を，誤っているものには2を，解答欄に記入しなさい。

ア　小売業は，各メーカーが製造したさまざまな製品を，自社の業態特性や商圏内顧客のニーズやライフスタイルに合わせて商品化政策を決定する。

イ　小売業のプロモーションは，地域の購買需要を刺激することによって顧客の継続的来店を促し，1店舗当たりの売上と利益の増加をはかることを目標とする。

ウ　小売業の価格政策は，自己の業態や商圏の特性，競争店舗の状況を考慮し，店舗ごとに偽りのない公正な価格を設定することが重要である。

エ　メーカーの価格政策は，メーカーが流通の価格を仕切る建値制にもとづく希望小売価格が支配的であり，価格設定の主導権を握っている。

オ　メーカーの流通チャネル政策は，全国に多数存在するさまざまな経営形態の卸売業や小売業の中から，自社製品のシェア拡大に最も効率的・効果的と思われる企業を選別し契約する。

解答欄	ア	イ	ウ	エ	オ

第5問　次のア〜オは，プロモーションについて述べている。マーケティング志向には1を，販売志向には2を，解答欄に記入しなさい。

ア　主たる目的は，顧客を満足させることである。

イ　対象者は，不特定多数の消費者である。

ウ　対象者は，特定多数の顧客である。

エ　完結時点は，顧客が満足した時点である。

オ　主たる活動は，需要を生み出す創造活動である。

解答欄	ア	イ	ウ	エ	オ

第6問 次のア～オは，４Ｐ理論の小売業への適用について述べている。正しいものには１を，誤っているものには２を，解答欄に記入しなさい。

ア 小売業のマーチャンダイジングは，自社の業態特性や商圏内顧客のニーズやライフスタイルに適合させ，どのようなカテゴリーの売場構成にすべきかが課題である。

イ 小売業のプロモーションは，店舗を活用して地域の購買需要を刺激することによって顧客の継続的来店を促し，１店舗当たりの売上と利益の増加をはかることを目標とする。

ウ 小売業の価格政策は，仕入れた商品の値入にもとづく地域基準の公正価格を基本としている。

エ 小売業のマーケティングは，マクロレベルのクラスターマーケティングである。

オ 小売業のプレイスは，商圏・立地の選定および業態開発による出店が基本となる。

解答欄	ア	イ	ウ	エ	オ

解答・解説	本試験形式問題

第1問

【1－1－1－2－2】

　マーケティングの基本的役割をしっかりと理解し，また小売業のマーケティングの特徴を把握することが大切である。エは，今後はマーケティング活動が重要となってくる。オは，マイクロ・マーケティングである。

第2問

【4－1－3－3－2】

　小売業のマーケティングとの違いは，重要事項であるので，それぞれの特徴について確実に理解することが大切である。マーケティングのタイプ，展開範囲，標的，ねらい，手法，コストについても，把握してほしい。

第3問

【2－4－4－3－1】

　より具体的なマーケティング・ミックスの4P（プロダクト，プロモーション，プライス，プレイス）の内容についても，メーカーのマーケティング・ミックスとの違いを理解することが重要である。

第4問

【1－1－1－2－1】

　マーケティングを取り巻く環境の変化から，メーカー主導から小売業主導，さらに顧客へと重点が推移してきている背景についても理解することが大切である。エは，現在では，メーカーは参考価格を示唆する程度にとどまっており，オープンプライスが広まってきている。

第5問

【1－2－1－1－1】

　マーケティング志向と販売志向は，主たる目的，対象者，主たる活動，完結時点が異なる。小売業のプロモーションは，店頭基準の狭域型購買促進政策であることを確認することが大切である。

第6問

【1－1－1－2－1】

　プレイス＝ストアアロケーション（立地・業態開発），プロダクト＝マーチャンダイジング（商品化政策），プライス＝エブリディフェアプライス（地域基準の公正価格），プロモーション＝リージョナルプロモーション（店舗起点の狭域型購買促進）の重点事項を確実に把握すること。エは，マイクロレベルのパーソナルマーケティングが正解である。

第2章
顧客満足経営の基本
➤重要キーワード補充問題

1　顧客満足経営の基本知識　（解答☞p.199）

(1) 顧客志向の経営とは，小売業と顧客との（　①　）的な関係形成を基本として，販売促進活動やサービス活動を行い，（　②　）の向上を目指すことである。

(2) 顧客満足度の向上による小売業のメリットは，繰り返し（　①　）する顧客を増やし，小売店の評判を高めてくれる顧客を育成することによる，自店に対する顧客の（　②　）の向上である。

(3) 顧客満足経営とは，小売業が自店にとって重要な顧客一人ひとりの（　①　）を高めることを（　②　）に据え，経営を行うことである。

(4) ホスピタリティは，小売業が顧客のことを第一に考え，いかに顧客に「（　①　）」を発揮できるかということである。

(5) エンターテインメントは，（　①　）や余興を意味し，従業員が顧客の願いをかなえてあげたいと考えて行動したことが，顧客に（　②　）を与えることも意味する。

(6) プリヴァレッジは，特権や（　①　）を意味し，これはすべての顧客に同じ特権を与えるのではなく，（　②　）の多い顧客などに対して特権を与えるという考え方である。

(7) 顧客満足提供業としての満足保証付きサービスには，（　①　）での返品・交換サービス，あらゆる売場まで案内する（　②　）サービス，顧客の

生活習慣に合わせた提案サービスなどがある。

2 顧客維持政策の基本知識　　　（解答☞p. 199）

(1)　小売業は，顧客維持活動を強化し，（　①　）主義に力を注いだ経営を行う必要がある。

(2)　小売業に求められているのは，既存の店舗に繰り返し来店してくれる「（　①　）の優良顧客」をつくることである。

(3)　小売業は，（　①　）が激化する中で，より一層他店と棲み分けることが重要になってきており，顧客一人ひとりのニーズをつかむための（　②　）が必要である。

(4)　今日的な顧客維持政策として，フリークエント・ショッパーズ・プログラム（FSP）は，（　①　）と顧客データベースなどのシステム化をより一層高度に普及させたもので，顧客の（　②　）を目指すものである。

(5)　顧客維持政策とは，（　①　）を何らかの方法で識別し，組織化することである。買上金額などで各階層ごとに分類した顧客に魅力ある（　②　）を提供して，多頻度で継続的に来店させ，売りたい商品を推奨し，（　③　）を増加させるための手法である。

(6)　顧客情報をデータベース化して，基本的属性や（　①　），嗜好などを把握し，顧客データベースを基に小売業の主催するキャンペーンやイベント，各種情報などを（　②　）などを使って告知し顧客に来店を促すことが重要である。

3 フリークエント・ショッパーズ・プログラムの基本知識　　　（解答☞p. 199）

(1)　FSPとは，（　①　）で買物をする顧客を優遇し，つなぎ止めるための顧客戦略プログラムである。顧客の購入金額や来店頻度に応じて特典やサービ

スを変え，顧客を（　②　）することで顧客を維持するのがねらいである。

(2) 今日の小売業は，（　①　）を何らかの方法で組織化し識別し，優良顧客ほど優遇して，生涯にわたってしっかりと（　②　）していくことが重要である。

(3) FSPの考え方は，（　①　）な視点で顧客とのよい関係をつくり，顧客の忠誠度を高めることにあり，（　②　）な来店を促す仕組みといえる。

(4) FSPは，顧客データベースを活用して，顧客一人ひとりとの（　①　）によって，（　②　）を的確につかみとることが基本であり，顧客一人ひとりに差をつけているシステムである。

(5) 小売業の経営を安定させるためには，顧客をつなぎ止める（　①　）が重要であり，顧客の維持が最も重要な戦略である。自店に（　②　）で来店してくれる顧客を把握することが必要となる。

(6) FSPの展開において，顧客データを分析する手法として「（　①　）の法則」がある。これは，「上位2割の多頻度の来店顧客で，店舗全体の8割の（　②　）をもたらす」というもので，小売業は，この上位2割の顧客を知りつくし，どのような特典を提供すればよいのかを検討することが大切である。

(7) FSPのねらいは，顧客を維持し，固定客化することである。これからの小売業は，顧客の（　①　）を理解するために，（　②　）などを活用して，顧客を識別して顧客管理し，顧客の変化に対応する必要がある。

(8) 小売業は，一人ひとりの「（　①　）」を知り，よく購入してくれる顧客に多頻度に来店を促し，買上金額を高めて，継続して購入してもらうための顧客一人ひとりに合わせた（　②　）活動が不可欠となる。

解　答　重要キーワード補充問題

1　顧客満足経営の基本知識

(1)①双方向　　②顧客満足度　　(2)①来店　　②ロイヤルティ

(3)①満足度　　②企業理念　　(4)①もてなしの精神　　(5)①娯楽　　②感動

(6)①特別待遇　　②購入金額　　(7)①無期限　　②トータルコーディネート

2　顧客維持政策の基本知識

(1)①顧客中心　　(2)①生涯　　(3)①競争　　②顧客管理

(4)①POS　　②囲い込み　　(5)①来店客　　②特典　　③買上単価

(6)①購買実績　　②ダイレクトメール

3　フリークエント・ショッパーズ・プログラムの基本知識

(1)①多頻度　　②差別化　　(2)①既存顧客　　②維持

(3)①長期的　　②継続的　　(4)①コミュニケーション　　②顧客ニーズ

(5)①基盤づくり　　②多頻度　　(6)①2：8　　②利益

(7)①購買特性　　②カード　　(8)①個客　　②パーソナル・マーケティング

第2章

顧客満足経営の基本

本試験形式問題◀

第1問 次の文章は，顧客満足とは何かについて述べている。文中の〔　〕の部分に，下記に示すア～オのそれぞれの語群から最も適当なものを選んで，解答欄にその番号を記入しなさい。

　顧客満足は，〔　ア　〕に対する小売業の充足度合いで決まるものである。そのためには，アの把握とそれらの〔　イ　〕を提供することが重要となる。顧客満足度の向上による小売業のメリットは，繰り返し〔　ウ　〕する顧客を増やし，また小売店の〔　エ　〕を高めてくれる顧客を育成でき，自店に対する顧客の〔　オ　〕を向上させることにつながることである。

【語　群】

ア〔1．希望　2．期待　3．顧客ニーズ　4．不満足〕

イ〔1．提案　2．解決策　3．回答　4．実践〕

ウ〔1．購買　2．問い合わせ　3．相談　4．来店〕

エ〔1．売上　2．地位　3．利益　4．評判〕

オ〔1．ロイヤルティ　2．好み　3．関心　4．参加率〕

解答欄	ア	イ	ウ	エ	オ

第2問　次のア〜オは，顧客満足経営の新原則について述べている。正しい
　　　　　ものには1を，誤っているものには2を，解答欄に記入しなさい。

ア　ホスピタリティとは，もてなしの精神で接客サービスを行うことであり，
　　顧客をあたたかくお迎えし，アイコンタクトを心がけることである。

イ　ホスピタリティの精神を発揮することは，顧客に接するときには，挨拶の
　　基本を心がけ，親しみのある笑顔で応対することである。

ウ　エンターテインメントは，娯楽や余興を意味する言葉であり，特別のイベ
　　ントを実施したり，特別のサービスを提供することである。

エ　エンターテインメントは，従業員が顧客の願いをかなえてあげたいと考え
　　て行動し，顧客に感動を与え，心の絆をつくることである。

オ　プリヴァレッジは，特権や特別待遇を意味する言葉であり，顧客を他人と
　　は違った特別の存在として扱うことである。

解答欄	ア	イ	ウ	エ	オ

第3問　次の文章は，顧客管理のねらいについて述べている。文中の〔　　〕
　　　　　の部分に，下記に示すア〜オのそれぞれの語群から最も適当なものを
　　　　　選んで，解答欄にその番号を記入しなさい。

　顧客管理とは，来店客を何らかの方法で識別し，〔　ア　〕することを前提
とする。〔　イ　〕などの各階層ごとに分類した顧客ごとに魅力ある〔
ウ　〕を提供して，多頻度で〔　エ　〕に来店させ，小売業の売りたい商品を
推奨したり，〔　オ　〕を増加させるための手法のことである。

4　マーケティング

【語　群】

ア〔1. 管理　2. 活用　3. 蓄積　4. 組織化〕

イ〔1. 年収　2. 買上金額　3. 年齢　4. 世帯〕

ウ〔1. 売場　2. サービス　3. 特典　4. 商品〕

エ〔1. 集中的　2. 一度　3. 継続的　4. 一定間隔〕

オ〔1. 売上　2. 利益　3. 顧客　4. 買上単価〕

解答欄	ア	イ	ウ	エ	オ

第4問　次の文章は，フリークエント・ショッパーズ・プログラム（FSP）とは何か○について述べている。文中の〔　〕の部分に，下記に示すア～オのそれぞれの語群から最も適当なものを選んで，解答欄にその番号を記入しなさい。

　フリークエント・ショッパーズ・プログラム（FSP）は，〔　ア　〕で買物をする顧客を〔　イ　〕し，つなぎ止めるための顧客戦略プログラムである。顧客の〔　ウ　〕や来店頻度に応じて特典や〔　エ　〕を変え，顧客間に差をつけることで顧客を〔　オ　〕するのがねらいである。

【語　群】

ア〔1. 多頻度　2. 店舗　3. ネット　4. 個人〕

イ〔1. 誘導　2. お迎え　3. 優遇　4. 期待〕

ウ〔1. 購入数量　2. ついで買い　3. 愛顧度　4. 購入金額〕

エ〔1. 接客　2. サービス　3. 態度　4. 金額〕

オ〔1．差別　2．平等化　3．維持　4．開拓〕

解答欄	ア	イ	ウ	エ	オ

第5問　次のア～オは，FSPの考え方について述べている。正しいものには1を，誤っているものには2を，解答欄に記入しなさい。

ア　FSPの考え方は，長期的な視点で顧客とのよい関係をつくり，顧客の忠誠度を高めることである。

イ　FSPは，顧客データベースを活用して，顧客一人ひとりに対応するマーケティング・プログラムを提供する仕組みである。

ウ　FSPは，顧客すべてを平等に扱っているのではなく，一人ひとりに差をつけているシステムである。

エ　FSPは，割引手段として集客をはかり，ポイントを付与する販売促進活動の一手段である。

オ　FSPは，会員を募集し，各種特典プログラムを提供することによって，継続的な来店を促す仕組みのことである。

解答欄	ア	イ	ウ	エ	オ

第6問　次の文章は，FSPのねらいについて述べている。文中の〔　　〕の
　　　　部分に，下記に示すア～オのそれぞれの語群から最も適当なものを選
　　　　んで，解答欄にその番号を記入しなさい。

　FSPのねらいは，顧客を維持し〔　ア　〕することである。〔　イ　〕を活
用して，顧客の〔　ウ　〕を理解し，顧客を識別して〔　エ　〕を行うことが
必要である。この手法により，小売業は一人ひとりの個客を知ることができ，
よく購入してくれる顧客に多頻度で来店を促し，買上単価を高めて，継続して
購入してもらうための〔　オ　〕・マーケティング活動が不可欠となる。

【語　群】
ア〔1．差別化　2．管理　3．固定客化　4．活用〕
イ〔1．カード　2．POS　3．EDI　4．レジ〕
ウ〔1．嗜好　2．生活　3．家庭　4．購買特性〕
エ〔1．金額管理　2．単品管理　3．売場管理　4．顧客管理〕
オ〔1．マクロ　2．パーソナル　3．小売　4．流通〕

解答欄	ア	イ	ウ	エ	オ

解答・解説 | 本試験形式問題

第1問

【3－2－4－4－1】

　売上志向の小売業と顧客志向の小売業との違いは，顧客との関係が双方向的であることである。経営活動の出発点は顧客であり，顧客ニーズを重視することを確実に理解してほしい。

第2問

【1－1－2－1－1】

　この3つの原則は大変重要であるので，具体的な事例の内容を理解し，確実に習得することが必要である。旧3原則（商品，サービス，店舗）と比較して覚えることも，大切である。

第3問

【4－2－3－3－4】

　顧客管理の必要性とその背景を理解のうえ，戦略的な顧客管理の仕組みを習得することが重要である。顧客データベースを作成し，活用することが非常に大切である。

第4問

【1－3－4－2－3】

　FSPの基本的な考え方を十分に理解することが重要である。また，小売業界だけではなく，航空業界やホテル業界などの具体的な事例も参考にして，内容を把握することも，大切である。

第5問

【1-1-1-2-1】

　ここでは，従来のポイントカードシステムとの違いをしっかりと把握することが重要である。顧客との良好な関係づくり，顧客満足度の向上，優良顧客ほど優遇することなどがポイントである。エは，ポイントカードの説明である。

第6問

【3-1-4-4-2】

　従来，小売業が行ってきた商品にバーコードを付けて，POSレジで行ってきた商品管理とは異なるものであることを理解することが重要である。個客対応型のマーケティングとして，販売促進や顧客管理などで活用されるものである。

第3章

商圏の設定と出店の基本

➤重要キーワード補充問題

1 商圏の基本知識

（解答☞p.211）

(1) 商圏とは，小売店舗や商業集積における（　①　）の及ぶ地理的あるいは（　②　）な面の広がりである。

(2) 商圏の広がりは，地域に住む人々の生活行動，小売店の業態や（　①　），駐車場規模，店舗周辺の道路事情や（　②　）の状況など，多くの要因が複雑に絡み合って形成される。

(3) 小売店の単独商圏として，1店舗当たりの商圏とは，自店への顧客の（　①　），つまり自店の来店客の居住範囲または職域をさす。

(4) 商業集積の商圏として，商業集積の集客力の及ぶ範囲は，その規模や核となる（　①　）などの魅力によるところが大きい。

(5) 都市の商圏とは，（　①　）からの吸引力の及ぶ範囲であり，人口，商店数，（　②　）で大きく左右される。

(6) 商圏は，人口に対する来店者や（　①　）の比率やその頻度により，区分される。ただし，商圏設定基準は，（　②　）や店舗規模によって異なる。

(7) （　①　）では，自動車での時間的目安で，1）第1次商圏は5分以内，2）第2次商圏は10分以内，3）第3次商圏は15分以内となっている。

(8) 商圏範囲の測定と設定には，1）来店者や来街者などに対するアンケート調査，2）カード会員の利用実績，3）詳細な（　①　）による測定，4）主要道路の所要時間や道路事情からの推定，5）（　②　）による測定とし

てハフモデルやライリーの法則などがある。

(9) 商圏の特性として，地域の歴史と（　①　）がある。気候・地理，歴史に育まれた，その土地ならではの独特の気質や（　②　）がある。

(10) 人口構造として，小売店の客層は，人口，世帯数とその推移，（　①　）別構成，職業別人口などによって変化する。

(11) 昼夜間人口比率，自然増減，（　①　）増減，幼年人口，（　②　）人口などの要因もある。

(12) 産業構造の違いは，（　①　）に影響を及ぼし，また年齢構成や職業別人口などの地域間（　②　）を生む。

2 立地条件の基本知識　（解答☞p.211）

(1) 小売業は，出店地を基準として限定された範囲を商圏として店舗を営んでいる。（　①　）に見合った（　②　）が見込める場所に立地することが重要である。

(2) 企業のビジョンや（　①　）に沿った立地戦略であること，また経営戦略で定めた重点エリア・重点（　②　）に合致した地域に立地することが重要である。

(3) 市場環境を的確に把握し，店舗イメージを明確にするという，（　①　）の確立が必須である。

(4) 立地の決定要因として（　①　）では，小売店は店舗を設置し，顧客を集客することで経営が成り立つため，商圏の設定が重要となる。また，（　②　）が多いほど，経営に好影響を与える。

(5) 環境要因としては，地域の特性や居住者のライフスタイル，商圏内の人口動態，（　①　）などの，店舗を取り巻く環境を把握することが重要である。

(6) 出店コストとしては，出店コストが経営上の（　①　）が得られる範囲にとどまるかどうかを検討する。

(7) 歴史的要因としては，出店する地域が有している歴史や定着している（

①　）を，事前に把握することが重要である。

(8)　商圏内の人口流動化は激しく，将来はどのように変化するか想定できない
状況にある。したがって，立地条件の変化に迅速に対応し，撤退や（
①　）など，（　②　）な適応が求められる。

(9)　立地選定の手順として，（　①　）の分析では，土地柄の分析がある。自
然条件や歴史に育まれた（　②　）や生活慣習が形成されており，土地柄と
自店の企業イメージや店舗形態との適合を検討する。

(10)　都市の盛衰度としては，店舗が立地する都市への（　①　）からの人口の
流入・流出は，店舗の業績に影響を及ぼす。（　②　）単位での盛衰度の分
析は欠かせない。

(11)　都市の産業構造・経済力としては，地域や都市の市場規模，（　①　）の
把握や推定を通じて，商売の可能性を探る。

(12)　人口，（　①　）とその増減，昼間人口と夜間人口，製造業出荷額，商店
数，小売業売場面積，小売業年間販売額などがある。

(13)　（　①　）の分析として，商圏内の人口構成には，男女別人口，年齢別人
口構成，町丁別人口構成，世帯構成などがある。

(14)　商圏内の所得水準としては，世帯別所得水準の分布，町丁別所得水準の分
布，1世帯当たりの（　①　）などがある。

(15)　店舗周辺の状況としては，（　①　）・駐輪スペース，歩道，（　②　）と
の優劣比較などがある。

3　出店の基本知識　（解答☞p.211）

(1)　出店の目的には，1）有望エリアへの出店による売上高の拡大，2）（
①　）地域への出店による新たな市場の開拓，3）既存エリアへの集中的・
継続的出店による（　②　）形成がある。

(2)　出店戦略を練るうえでの必須事項として，全社的な指針や構想を定めた
（　①　）との一体性や整合性がある。

(3)　出店エリア・出店形態の確定により，地域内における店舗の（　①　）が高まり，商品を店舗まで配送する車両の削減や配送距離の短縮などによって，効率的な（　②　）が可能となる。

(4)　店舗規模の設定としては，顧客にとっての歩きやすさ，買いやすさ，また小売業の（　①　）維持などの面を考慮に入れて，（　②　）を設定する。

(5)　必要商圏人口の設定においては，3年〜5年先を見通して採算のとれる（　①　）が確保できる商圏の維持が重要な課題である。

(6)　自店の業種・業態と（　①　）の合致した立地要件を設定しておくことが必要である。

(7)　出店適合性の検討においては，出店地区の現在の市場規模と将来性，競争店の動向など，（　①　）な検討が必要である。出店を決定するうえでは，出店候補地の綿密な（　②　）が必要である。

(8)　マクロ的視点からの分析としては，人口統計や（　①　），広域商圏調査などが役立つ。

(9)　ミクロ的視点からの分析としては，出店予定地の（　①　）の広がりや将来性を分析・評価し，出店の可否を見極めることが重要である。

(10)　市場規模は，出店候補地の商圏規模として（　①　）や昼間人口などにより需要の推定を行う。

(11)　競争の状況については，市場性や将来性の高い有望地域には競争店も数多く出店しているため，自店の（　①　）を打ち出せるかどうかという（　②　）の検討が欠かせない。

| 解 答 | 重要キーワード補充問題

1 商圏の基本知識

(1)①顧客吸引力 　②時間的 　(2)①売場面積 　②競争店

(3)①来店範囲 　(4)①大型店 　(5)①周辺都市 　②産業構造

(6)①来街者 　②業態 　(7)①スーパーマーケット

(8)①地図 　②統計モデル 　(9)①風土 　②風習

(10)①年齢 　(11)①社会 　②老年 　(12)①地域経済 　②格差

2 立地条件の基本知識

(1)①店舗規模 　②来店客数 　(2)①理念 　②顧客

(3)①ストアコンセプト 　(4)①集客力 　②通行量 　(5)①交通事情

(6)①採算 　(7)①イメージ 　(8)①移転 　②臨機応変

(9)①マクロレベル 　②文化 　(10)①周辺都市 　②市町村

(11)①潜在需要 　(12)①世帯数 　(13)①ミクロレベル 　(14)①平均所得

(15)①駐車 　②競争店

3 出店の基本知識

(1)①無競争 　②優位性 　(2)①経営戦略 　(3)①認知度 　②店舗運営

(4)①採算性 　②最適規模 　(5)①来店客数 　(6)①ストアコンセプト

(7)①多面的 　②調査 　(8)①商業統計調査 　(9)①想定商圏

(10)①夜間人口 　(11)①存在価値 　②競争優位性

第3章

商圏の設定と出店の基本

本試験形式問題◀

第1問　次の文章は，商圏の定義について述べている。文中の〔　〕の部分に，下記に示すア〜オのそれぞれの語群から最も適当なものを選んで，解答欄にその番号を記入しなさい。

　商圏とは，小売店舗，商店街やショッピングセンターなどの〔　ア　〕における顧客吸引力の及ぶ〔　イ　〕あるいは時間的な〔　ウ　〕の広がりのことである。この商圏の広がりは，地域に住む人々の生活行動，小売店の業態や〔　エ　〕，駐車場規模，さらには店舗周辺の道路事情や〔　オ　〕の状況など，多くの要因が複雑に絡み合って形成されている。

【語　群】

ア〔1．商業集積　2．集団　3．店舗範囲　4．立地〕

イ〔1．地図的　2．地理的　3．広範的　4．拡大的〕

ウ〔1．線　2．角　3．枠組み　4．面〕

エ〔1．店舗規模　2．店舗数　3．売場面積　4．敷地面積〕

オ〔1．鉄道　2．競争店　3．車両　4．都市計画〕

解答欄	ア	イ	ウ	エ	オ

第2問　次の文章は，商圏の種類のうち都市の商圏について述べている。文中の〔　〕の部分に，下記に示すア～オのそれぞれの語群から最も適当なものを選んで，解答欄にその番号を記入しなさい。

　都市の商圏とは，〔　ア　〕からの吸引力の及ぶ範囲のことである。これは，都市間の〔　イ　〕の強弱を表わすものであり，「〔　ウ　〕，商店数，産業構造」で大きく左右される。都市の商圏の設定には，〔　エ　〕やその関係機関が実施する〔　オ　〕や商業統計表などが使用されている。

【語　群】
ア〔1．市町村　2．周辺都市　3．大都市　4．小都市〕
イ〔1．都市力　2．税収　3．商業力　4．所得〕
ウ〔1．企業数　2．病院数　3．官庁　4．人口〕
エ〔1．国　2．都道府県　3．広域圏　4．地方圏〕
オ〔1．広域商圏調査　2．都市間調査　3．狭域商圏調査　4．市場調査〕

解答欄	ア	イ	ウ	エ	オ

第3問　次のア～オは，立地選定の手順について述べている。正しいものには1を，誤っているものには2を，解答欄に記入しなさい。

ア　市町村単位での盛衰度の分析には，店舗が立地する都市への周辺都市からの人口の流入と流出がある。
イ　都市の産業構造や経済力の分析には，地域や都市の市場規模，潜在需要の

把握や推定を通じて商売の可能性を探る必要がある。

ウ　商圏内の人口構成の分析には，男女別人口，年齢別人口構成，町丁別人口構成があり，世帯構成は含まない。

エ　商圏内の所得水準の分析には，世帯別所得水準の分布，町丁別所得水準の分布，1世帯当たりの平均所得などがある。

オ　店舗周辺の状況のチェックには，競争店との優劣比較，駐車・駐輪スペース，歩道などの項目がある。

解答欄	ア	イ	ウ	エ	オ

第4問　次のア～オは，出店のねらいと出店戦略の必須事項について述べている。正しいものには1を，誤っているものには2を，解答欄に記入しなさい。

ア　店舗規模の設定では，顧客や小売業経営にとって，最適な店舗規模が求められる。

イ　真空エリアへ出店する目的は，新たな市場の開拓がある。

ウ　既存エリアへの集中的・継続的出店の目的には，集客力の維持がある。

エ　必要商圏人口の設定では，3年～5年先を見通して採算のとれる来店者数が確保できるかが重要な課題である。

オ　有望エリアへ出店する目的は，売上高の拡大にある。

解答欄	ア	イ	ウ	エ	オ

解答・解説	本試験形式問題

第1問

【1－2－4－3－2】

商圏の範囲，商圏の種類，商圏の区分，商圏範囲の測定と設定についても，合わせて理解してほしい。商圏の区分は，第1次商圏，第2次商圏，第3次商圏に区分される具体的な例についても，確認することが必要である。

第2問

【2－3－4－2－1】

都市の商業力を示す指標には商業力指数があり，この指数が100を上回っている場合は周辺の都市から吸引力があり，100を下回っている場合は他地区に顧客が流出しているとみなす。

第3問

【1－1－2－1－1】

店舗立地の適合性を分析するには，都道府県などの広域レベルから，地区や地点へと焦点を絞り込んでいく必要がある。アとイは，マクロレベルの分析であり，ウとエとオは，ミクロレベルの分析である。ウは，世帯構成も含む。

第4問

【1－1－2－1－1】

ウは，目的としてドミナント（優位性）形成がある。ドミナントとは，支配していること，優勢であることという意味であり，チェーン展開をしている店舗の出店政策を表すことばである。

> # 第4章
> # リージョナルプロモーション（売場起点の狭域型購買促進）の基本
> ➤重要キーワード補充問題

1　リージョナルプロモーションの体系

（解答☞p.222）

(1)　アトラクティブプロモーションは，商圏内における特定多数の顧客を計画的，かつ継続的に多頻度で呼び込むための（　①　）である。

(2)　インストアプロモーションは，小売業の主導により（　①　）や季節性などを考慮に入れた各種の（　②　）を計画的，かつ継続的に打ち出し，売上増加をねらいとして顧客に対して積極的に売り込む店内の販売活動である。

(3)　プレミアムとは，おまけや（　①　）のことをいい，プレミアムを付与することにより顧客の購買意欲を（　②　）に刺激する手法である。

(4)　べた付プレミアムは，商品自体に添付され，購入者全員が（　①　）に受け取ることができるものである。

(5)　オープン懸賞プレミアムは，商品の購買とは無関係に，懸賞に応募すれば（　①　）でプレミアムがもらえるという手法である。

(6)　クーポンは，来店客に割引券を配布し，（　①　）を動機づける手法である。

(7)　キャッシュバックは，特定商品を購入した場合，顧客に現金の一部を（　①　）する手法である。

(8)　増量パックは，ボーナスパックともいわれ，（　①　）は通常のままにしておき，（　②　）を増やして販売する手法である。

(9) お試しサイズは,（　①　）で割安の特別品を用意し,初めて購入する顧客を対象に試し買いを促進する手法である。

(10) インストアマーチャンダイジングにおける（　①　）とは,売場に並べた商品を,顧客に自己の意思で取ってもらうという意味である。来店した顧客に衝動的,もしくは想起的な購買を促すための買いたくなるような仕掛けを施し,（　②　）の増加による1人当たりの買上げ金額の増加をはかる活動である。

(11) フロアマネジメントは,（　①　）の向上をはかるためのフロアゾーニングと,（　②　）の向上をはかるためのフロアレイアウトに分かれる。

(12) シェルフマネジメントには,見やすさや取りやすさの向上をはかるための（　①　）と,選びやすさや買いやすさの向上をはかるための（　②　）などの方法がある。

(13) ビジュアルマネジメントは,（　①　）の向上をはかるビジュアルマーチャンダイジングと,（　②　）の向上をはかるための色彩・装飾・照明による演出などの方法がある。

2 リージョナルプロモーション（3P戦略）の概要

（解答☞p.222）

(1) 広告は,小売店の存在や取扱商品・サービス,さらにはブランドなどを消費者に伝え,好意をもってもらうために,（　①　）で視聴覚に訴える（　②　）な販売促進活動である。

(2) マスメディア広告には,テレビやラジオ広告などの（　①　）媒体と,新聞や雑誌広告などの（　②　）媒体がある。

(3) インターネット広告のうち,（　①　）は,webサイトに広告画像を貼り,それをクリックすると広告主のwebサイトにリンクする手法である。

(4) （　①　）は,検索キーワード連動広告であり,検索エンジンの検索結果ページにテキスト広告を表示する方法である。

(5)　交通広告には，特定地域や（　①　）の沿線に立地する機関の広告であり，電車内の（　②　），駅貼りポスター，駅構内ボードなどがある。

(6)　ダイレクトメールは，自宅や事業所に（　①　）や封筒で直接郵送されてくる広告である。

(7)　チラシ広告は，新聞の（　①　）広告，ポスティング広告，街頭で配布されているフリーペーパーなどの広告である。

(8)　屋外広告は，ネオンサインや野立て看板，アドバルーンなどのあらゆる（　①　）である。

(9)　店内広告は，店頭や店内での商品説明のために陳列棚や商品付近につけられた（　①　）などである。

(10)　PRは，（　①　）活動と呼ばれる計画的な情報提供活動であり，その対象は消費者，従業員，株主，取引先，（　②　）などに向けられる。

(11)　パブリシティは，（　①　）に自店のサービスや各種イベントなどの活動状況を提供し，ニュースや（　②　）として取り上げてもらうことをねらった，さまざまな情報提供活動のことである。

(12)　口コミは，消費者の口から口へ，商品やサービスなどの情報が伝わり，購買を刺激する無料の（　①　）である。媒体を経由しないで，人の口から口へ（　②　）メッセージが伝達されるため，日頃から信頼している第三者が情報の流し手であれば，受け手の信頼性も高く（　③　）も少ない。

(13)　POP広告とは，顧客が商品を（　①　）する時点という意味である。売場の案内や商品を使う方法などをわかりやすく表現した（　②　）やボードなどをさす。

(14)　チラシ広告が（　①　）を増やすものであるのに対して，POP広告は（　②　）を引き上げるための方法である。顧客に対して，より多くの商品を買ってもらうための手段としてPOP広告を活用する。

(15)　POP広告は，販売員に代わって顧客の（　①　）に応える役割がある。売場の案内や特売，サービスの告知，また顧客の商品に対する疑義や（　②　）に応える。

⒃ POP広告は，顧客に商品を選ぶうえでの情報を提供する。売場に並べられた多くの似た商品の中から顧客が求める商品を（ ① ）し，自由に気軽に選べるようにすることがある。

⒄ POP広告は，他店との違いを主張し，自店の商品やサービスの（ ① ）や強みを明確に顧客に伝える。わかりやすい説明や楽しめる表現があれば，顧客は（ ② ）して商品を購入する。

3 インバウンド（訪日外国人に対するプロモーション）
（解答☞p. 222）

⑴ 2013年の訪日ゲストの数は，2003年と比較すると，その数はほぼ倍増している。この背景には，中国や東南アジア諸国連合などに対する（ ① ）の発給要件を緩和したことや，（ ② ）の就航拡大や増便，入国管理手続きの整備といった施策に取り組んだことがある。

⑵ 「訪日外国人消費動向調査」（観光庁）によると，2017年の訪日ゲストの消費総額は約4.4兆円となっている。そのうち，（ ① ）が最も多く，次に（ ② ），飲食費という構成になっている。

⑶ 買物を目的とした観光のことを（ ① ）という。

⑷ 今後，さらに訪日ゲストの1人当たり旅行支出を増加させる必要があり，付加価値の高い商品やサービスの提供や，比較的1人当たり旅行支出が高い（ ① ）の獲得，長期滞在傾向の高い欧米や（ ② ）からの誘致などに取り組む必要がある。

⑸ 訪日向けのマーケティングは，市場を細分化（ ① ）してから，標的とする主要な顧客層を特定（ ② ）し，差別化をはかっていく（ポジショニング）というように，従来のマーケティングの手法同様のアプローチが有効である。

⑹ 訪日ゲストは，旅行者であることから，初来日か（ ① ）か，団体旅行か個人の旅行かといった視点から市場細分化を行うことで，主に（ ② ）

を絞り込むことが可能になる。

(7)　訪日ゲストに対しては，日本国内でのみ販売されているという（　①　）のある商品の提供が有効である。また，訪日時の購入をきっかけに，（　②　）や在日外国人を介しての商品購入も増加しており，ショッピングツーリズムが地域の知名度向上や海外向け（　③　）の増加に寄与するケースも多い。

(8)　物品を海外に持ち出すことを前提とする訪日ゲストの買物については，（　①　）が免税される。

(9)　多くの訪日ゲストは，インターネットでの情報収集や（　①　）を介した友人や知人からの情報が有用と考えており，訪日ゲスト自身の情報発信や（　②　）が，次のゲストへのプロモーションにつながっている。

(10)　訪日外国人旅行者の消費額のうち，（　①　）の利用額が約56％，交通系ICカード・デビッドカード・モバイル決済の利用額がそれぞれ約10％と，（　②　）が高いことが特徴となっている。

(11)　訪日ゲストに対しては，接客（　①　），店頭表示，（　②　）の三つの面から多言語対応が必要となる。

| 解 答 | 重要キーワード補充問題 |

1 リージョナルプロモーションの体系

(1)①来店促進策　(2)①地域性　②販売促進企画　(3)①景品　②直接的

(4)①公平　(5)①抽選　(6)①試し買い　(7)①返金

(8)①価格　②容量　(9)①少量　(10)①プット　②買上げ点数

(11)①回遊性　②立寄率　(12)①ディスプレイ　②棚割システム

(13)①視認率　②注目率

2 リージョナルプロモーション（3P戦略）の概要

(1)①有料　②非人的　(2)①電波　②印刷　(3)①バナー広告

(4)①リスティング広告　(5)①鉄道　②中づり広告　(6)①はがき

(7)①折り込み　(8)①店外広告　(9)①POP広告

(10)①広報　②地域コミュニティ　(11)①マスメディア　②記事

(12)①コミュニケーション活動　②直接　③抵抗

(13)①購買　②カード　(14)①来店客数　②購買単価

(15)①疑問　②質問　(16)①比較　(17)①特徴　②納得

3 インバウンド（訪日外国人に対するプロモーション）

(1)①訪日ビザ　②格安航空会社（LCC）　(2)①買物代　②宿泊料金

(3)①ショッピングツーリズム　(4)①富裕層　②オーストラリア

(5)①セグメンテーション　②ターゲティング

(6)①リピーター　②行動特性　(7)①限定性　②電子商取引　③輸出

(8)①消費税　(9)①SNS　②口コミ

(10)①クレジットカード　②キャッシュレス化

(11)①コミュニケーション　②商品説明

> # 第4章
> # リージョナルプロモーション(売場起点の狭域型購買促進)の基本
> ### 本試験形式問題◀

第1問　次のア～オは，販売促進策の類型について述べている・正しいものには1を，誤っているものには2を，解答欄に記入しなさい。

ア　来店促進策には，広告，パブリシティ，口コミなどの種類がある。

イ　プル戦略は，顧客に対して広告などで需要に働きかけるもので，顧客の購買を誘引する販売戦略である。

ウ　店頭起点の販売促進策には，イベント，割引，各種顧客サービス，人的販売活動などの種類がある。

エ　プッシュ戦略は，小売業から顧客に向けて積極的に販売促進を仕掛けることで，販売員による店頭における活動のことである。

オ　購買促進策には，フロアマネジメント，シェルフマネジメント，イメージアップなどがある。

解答欄	ア	イ	ウ	エ	オ

第2問　次の文章は，販売促進策のプル戦略としての来店促進策のなかの広告について述べている。文中の〔　　〕の部分に，下記に示すア～オのそれぞれの語群から最も適当なものを選んで，解答欄にその番号を記入しなさい。

　広告は，電波や〔　ア　〕によるメッセージの中に明示された広告主が，特定の消費者を広告主の〔　イ　〕する方向に向けて行動させることによって，売上高や〔　ウ　〕の増大を目的とする販売促進活動の一手段である。商品やサービス，アイデア，機関などについての〔　エ　〕の〔　オ　〕コミュニケーションである。

【語　群】

ア〔1．インターネット　2．印刷物　3．人　4．店舗〕

イ〔1．希望　2．期待　3．行動　4．意図〕

ウ〔1．店舗数　2．販売数　3．利益　4．来客数〕

エ〔1．有料　2．大量　3．独自　4．個別〕

オ〔1．人的　2．機械的　3．代理的　4．非人的〕

解答欄	ア	イ	ウ	エ	オ

第3問　次の文章は，販売促進策のプッシュ戦略としての購買促進策のなかの人的販売について述べている。文中の〔　　〕の部分に，下記に示すア～オのそれぞれの語群から最も適当なものを選んで，解答欄にその番号を記入しなさい。

　人的販売は，販売員が顧客に対して〔　ア　〕，口頭で情報提供などを行う販売活動である。ここでは，推奨販売や〔　イ　〕販売などの高度の接客販売が行われる。販売員は，買い手の〔　ウ　〕や要望を的確に把握し，実際の商品を提示し買い手の〔　エ　〕に訴えるなどのテクニックが求められるため，日頃から商品情報や顧客の生の声の収集，〔　オ　〕などに関する対策の訓練が求められる。

【語　群】

ア〔1．一時的　2．丁寧に　3．親切に　4．直接〕

イ〔1．デモンストレーション　2．特別　3．カウンセリング　4．臨時〕

ウ〔1．希望　2．商品　3．サービス　4．ニーズ〕

エ〔1．五感　2．感性　3．感情　4．期待〕

オ〔1．間接情報　2．苦情処理　3．災害　4．避難〕

解答欄	ア	イ	ウ	エ	オ

第4問　次のア〜オは，プッシュ戦略としての販売促進策のなかの具体的な販売促進策について述べている。正しいものには1を，誤っているものには2を，解答欄に記入しなさい。

ア　クーポンは，試し買いを動機づける手法である。

イ　オープン懸賞プレミアムは，商品購買とは無関係で，懸賞に応募するものである。

ウ　べた付プレミアムは，抽選に当たった人が受け取れるものである。

エ　キャッシュバックは，現金の一部を返金する手法である。

オ　増量パックは，容量を増やして販売する手法である。

解答欄	ア	イ	ウ	エ	オ

第5問　次の文章は，POP広告の定義と目的などについて述べている。文中の〔　　〕の部分に，下記に示すア～オのそれぞれの語群から最も適当なものを選んで，解答欄にその番号を記入しなさい。

　POP広告とは，顧客が商品を購買する〔　ア　〕での広告という意味であり，売場の案内や商品の〔　イ　〕などをわかりやすく表現したカードや〔　ウ　〕などをさしている。買物に来店した顧客の購買を〔　エ　〕する目的で商品を販売する場所に掲示し，訴えかける広告であるため，売上や利益への〔　オ　〕は高い。

【語　群】

ア〔1．地点　2．瞬間　3．売場　4．時点〕

イ〔1．価格　2．種類　3．使用方法　4．品目〕

ウ〔1．紙　2．ボード　3．看板　4．チラシ〕

エ〔1．促進　2．喚起　3．増加　4．転換〕

オ〔1．影響　2．浸透度　3．一致度　4．貢献度〕

解答欄	ア	イ	ウ	エ	オ

第6問 次のア〜オは，POP広告の3つの目的について述べている。正しいものには1を，誤っているものには2を，解答欄に記入しなさい。

ア　POP広告は，販売員に代わって顧客の疑問に応える役割があり，売場の案内やサービスの告知などがある。

イ　POP広告は，売場に陳列された類似商品の中から，顧客が求める商品を比較し，自由に気軽に選べるようにすることがある。

ウ　POP広告は，顧客に対して商品名と売価を知らせる機能を持ち，プライスカードと一体となっている。

エ　POP広告は，商品やサービスの特徴や強みを明確に顧客に伝える役割がある。

オ　POP広告は，わかりやすい説明や楽しめる表現があることにより，顧客は納得して商品を購入することができる。

解答欄	ア	イ	ウ	エ	オ

第7問 次の文章は，ショッピングツーリズムについて述べている。文中の〔　〕の部分に，下記に示すア〜オのそれぞれの語群から最も適当

なものを選んで，解答欄にその番号を記入しなさい。

「訪日外国人消費動向調査」（観光庁）によると，2017年の訪日ゲストの消費総額は約4.4兆円です。そのうち，〔 ア 〕が37.1％と最も多く，次に〔 イ 〕が28.2％，〔 ウ 〕が20.1％という構成になっている。

日本の魅力を世界に伝え，「おもてなし」の心で訪日外国人旅行者の消費を促進しようとしている。

今後は，さらに訪日ゲストの１人当たり旅行支出を増加させる必要があり，〔 エ 〕の高い商品やサービスの提供や，比較的１人当たり旅行支出が高い富裕層の獲得，〔 オ 〕傾向の高い欧米やオーストラリアからの誘致などに取り組む必要がある。

【語　群】

ア〔1．宿泊料　2．飲食費　3．交通費　4．買物代〕

イ〔1．宿泊料　2．飲食費　3．交通費　4．買物代〕

ウ〔1．宿泊料　2．飲食費　3．交通費　4．買物代〕

エ〔1．仕入原価　2．料金　3．付加価値　4．即効性〕

オ〔1．短期滞在　2．長期滞在　3．比較購買　4．関連購買〕

解答欄	ア	イ	ウ	エ	オ

第8問　次のア〜オは，訪日ゲストに対するマーケティング・ミックスについて述べている。正しいものには1を，誤っているものには2を，解答欄に記入しなさい。

ア　訪日ゲストに対しては，日本国内でのみ販売されているという限定性のある商品の提供が有効である。

イ　2014年10月に施行された免税制度の改正により，食料品・飲料・薬品類・化粧品を除くすべての消耗品が消費税免税の対象となった。

ウ　免税販売を行っている店舗では，必ず，免税店シンボルマークを表示しなければならない。

エ　多くの訪日ゲストは，インターネットでの情報収集やSNSを介した友人や知人からの情報が有用と考えている。

オ　小売店は，訪日ゲストに対し，接客コミュニケーション，店頭表示，商品説明の三つの面から多言語対応が必要となる。

解答欄	ア	イ	ウ	エ	オ

解答・解説	本試験形式問題

■第1問

【1－1－2－1－2】

　三つの販売促進策について，具体的な各内容を必ず理解することが必要である。また，二つの販売戦略として，プル戦略とプッシュ戦略があることも覚えてほしい。ウの店頭起点の販売促進策とオの購買促進策は，説明が逆である。

■第2問

【2－4－3－1－4】

　広告の定義と要点キーワードを確実に把握することが大切である。また，他の来店促進策であるパブリック・リレーションズ，パブリシティ，口コミなどの特徴についても，合わせて理解してほしい。

■第3問

【4－3－4－1－2】

　顧客に対する高度な接客販売としての人的販売の内容と要点キーワードをしっかりと理解することが大切である。合わせて，インストアマーチャンダイジングや狭義の販売促進策の具体的内容についても，習得してほしい。

■第4問

【1－1－2－1－1】

　ウは，購入者全員が公平に受け取れるが正解である。他には，スピードくじプレミアム，お試しサイズ，低金利ローンなどがあるので，内容を確認してほしい。

■第5問

【4－3－2－1－4】

　セルフサービス方式の店舗においては，特に重視されており，販売員の代替の役割を担っている。また，客購買単価を引き上げるための方法であることも，合わせて理解してほしい。

第6問

【1－1－2－1－1】

　顧客の疑問に応える，顧客に選ぶうえでの情報を提供する，他店との違いを主張することについて，具体的に理解することが重要である。実際のPOP広告を観察して確認してほしい。ウは，プライスカード（値札）とPOP広告は分けて取り扱う必要がある。

第7問

【4－1－2－3－2】

　訪日外国人消費額の内訳を理解すること。また，訪日外国人旅行者が増加している背景も，あわせて把握してほしい。

第8問

【1－2－2－1－1】

　イは，食料品・飲料・薬品類・化粧品を含むすべての消耗品が消費税免税の対象，が正解である。ウは，義務ではなく申請することが必要である。また，訪日ゲストに対する受入環境の整備について，多言語対応だけでなく，決済対応，通信環境整備についても，理解してほしい。

第5章

顧客志向型売場づくりの基本

▶重要キーワード補充問題

---

1 売場の改善と改革 (解答☞p.239)

(1) 改善とは,「どうあるべきか」という（　①　）と「こうしている」という（　②　）とのギャップを埋める行動である。

(2) 改革とは,過去から現在までの経営方法を断ち切り,（　①　）面や機能（経営）面に変革をもたらす新しい方法論を（　②　）に移すことにより,現在の経営から（　③　）をはかる戦略（現状否定）といえる。

(3) 改善が日常業務の効率を追求して（　①　）の向上をはかるねらいがあるのに対して,改革は中朝的視点で効果を追求して,（　②　）の向上をはかることをねらいとしている。

(4) 小売業は,（　①　）の売場をつくることによって,新たな需要が売場で創造できるので,（　②　）を高めることができる。

(5) 対面販売方式の売場は,百貨店や（　①　）などの小売業が,主に専門品や高級品などの（　②　）の低い商品を販売するのに適している。

(6) 商品を常に売場の販売員が管理しており,（　①　）がほとんどない状況を維持できる点が特徴であるが,半面,販売員の（　②　）が高くつくことがある。

(7) セルフサービス方式の売場は,低価格の（　①　）をまとめて購入する顧客に対する業態が適しており,スーパーマーケットやホームセンター,（　②　）などがある。

(8) 店舗の（　①　）が少なくてすむ利点があるが，少数の従業員で売場を管理しているため，すべての売場を常にきちんと整備し，効率的に運営することがむずかしい面もある。売場単位の（　②　）の向上が課題となる。

(9) セルフセレクション方式の売場は，（　①　）が売場ごとにいくつも設置されている点に特徴がある。セルフサービス方式と，（　②　）方式によるセルフセレクション方式を組み合わせている小売業態もある。

2 店舗照明の基本知識　　　　　　（解答☞p.239）

(1) 店舗照明には，（　①　）と購買促進の二つの目的がある。小売店の存在を訴求し，より多くの顧客の来店を促すとともに，店内では快適な（　②　）を提供し，多くの商品を購買してもらうことである。

(2) 店舗照明の計画策定に際しては，初期設備の（　①　）化やランニングコストの低減，従業員の働きやすさなどへの配慮，（　②　）や環境問題などへの配慮が求められている。

(3) ストア（　①　）を常に念頭において，店舗の構成全体から（　②　）を考える必要がある。

(4) 効果的な店頭照明のあり方としては，1）遠方からでもわかるような店舗照明の照度と最適な器具の選定，2）店頭の（　①　）は，店内平均照度の2倍〜4倍の明るさ，3）近隣の店舗との調和をはかるための照度，4）業態や（　②　）に合わせた光源の照明器具の使用などがある。

(5) 効果的な店内照明のあり方としては，1）（　①　）の手法を取り入れ商品の周りを明るくする，2）明暗効果を得るために，最低2対1の明暗差が必要である，3）（　②　）志向，なるべく商品本来の色が見えること，4）専門店の照明は，店内の明るさに変化をつける（　③　）が必要などがある。

(6) ハイパワーライティングで重点的に明るくする場所は，ショーウインドウ，店頭の出入口，（　①　）などの演出コーナー，季節の催事コーナー，（

② ）としてのパワーカテゴリーコーナーなどがある。

(7) 照明の当て方の基本は，1）（ ① ）は強い光を当てる，2）照度の差が5対1の比率を超えると，（ ② ）を演出できる，3）色の白い商品は，照度を低くし，光量を少なくする，4）色が黒いものや暗い色彩の商品は，光量を増やして明るくし（ ③ ）を多用する，5）店頭と店奥の壁面を明るくすることにより，（ ④ ）の明るさとして店舗の外から店舗を見た場合に明るく見えることを得るなどがある。

(8) 照明器具の配置として，店舗全体を照らす（ ① ）は，店内全体が均一な照度が得られるように，売場配置に沿ってランプを（ ② ）に配置する。

(9) 全般照明としてのベース照明は，店舗や売場全体を（ ① ）に照らす照明である。一般には，天井埋込み型，ルーバーなどの形態の（ ② ）や直下方向を照らす白熱電球が多く使われている。

(10) 重点照明は，特定の場所や商品を目立たせるための照明である。スポットライトや（ ① ）などがあり，（ ② ）の強い光で商品の立体感や材質感を強調する。

(11) 装飾照明は，（ ① ）としての装飾効果を重視する照明である。シャンデリアやペンダント，壁面ブラケットなどの器具が使用され，（ ② ）との連動をはかることが重要である。

(12) 省エネ照明は，照明の間引きや調光による（ ① ）を行うものであり，店内の点灯箇所を見直し，蛍光灯の本数を間引くことで，（ ② ）を実現する。

(13) 光源によって照らされる面の明るさを照度と呼び，単位は（ ① ）である。店舗の明るさを決める目安として，JIS照度基準には，業種・業態ごとに必要とされる照度の値が示されている。

(14) 光源の消耗や照明器具の汚れなどによる（ ① ），壁面や天井の変色や（ ② ）などによる照度の低下を考慮して，照明計画では基準値の約1.2倍〜1.6倍程度とすることが望ましい。

(15) 直接照明は，（ ① ）や商品の陳列面を直接照らす形式のことである。

（　②　）を取り扱う売場の全般照明の照明形式である。

⒃　半直接照明は，直接照明に，（　①　）やアクリル板などのカバーを付け
たもので，（　②　）や専門店で多く採用されている。

⒄　間接照明は，光源が直接目に触れないように，建物の壁や天井に（
①　）を埋め込み，（　②　）する光によって明るさを出す照明形式である。

⒅　半間接照明は，（　①　）に向けた配光よりも，天井や壁面の反射光が多
い照明形式である。ブラケット照明，（　②　）照明などがある。

⒆　全般拡散照明は，光を（　①　）に行きわたらせる形式である。（
②　）やバランスライトなどがある。

⒇　店舗施設は，外の光が利用できる時間帯・場所では，できるだけ（
①　）する。

(21)　（　①　）法により，照明について，開店前・閉店後の照明時間のルール
を決め，照明時間の（　②　）をはかる。

(22)　店舗改装時に，（　①　）部分の照度を大幅に落とし，（　②　）を利用し
て，商品を際立つようにする。

(23)　光の色相差を表わしているのが（　①　）で，単位は（　②　）で表わす。
色温度が低くなれば赤味がかった光色になり，高くなれば青っぽい光色にな
る。

(24)　光源の種類によって対象物の色の見え方が異なることを演色といい，色の
見え方に及ぼす光源の性質を光の（　①　）という。

(25)　演色性の評価方法として（　①　）があり，この数値が（　②　）に近い
ほど演色性がよく，色彩が忠実に表現される。

(26)　陳列棚の照明として，ゴンドラの棚板部分や壁面部分の明るさの目安は，
店内全般の1.5倍〜2倍である。顧客の（　①　）を考慮し，照明の方向を
確認したうえで，照明器具の設置場所を決定する。

(27)　ショーウインドウの照明は，（　①　）を使用して十分な照度を確保し，
外部の明るさと連動して照度を調節できるようにする。器具としては（
②　）が便利である。

(28) 壁面の照明は,（ ① ）印象の店舗にするために，壁面の照度を高める。店内奥の壁面を売場の２倍～３倍の明るさにすると，店内が広く感じられ，顧客が入りやすい店舗となる。

(29) 店内設備の照明として，（ ① ）は顧客に不快感を与えない色として，演色性がよく，昼光に似た色光の蛍光灯を使用する。

(30) 非常口は，火災や地震などの不測の事態に電源が絶たれた場合の照明として（ ① ）で定められている。（ ② ）や消火作業に支障がないように最低１ルクスを確保すること，直接照明であること，主要部分は不燃材料でつくられていることがある。

(31) 不特定の人々が出入りする場所には，（ ① ）により（ ② ）の設置が義務づけられている。

3 光源の種類と特徴 （解答☞p. 240）

(1) 蛍光灯は，省電力や寿命の長さなどの（ ① ）効果面から，主に店内の全般照明に使用されてきた。近年では，高演色蛍光灯など，さまざまな特性を備えたものが開発され，広く使用されている。

(2) 高輝度放電灯は，（ ① ），メタルハライドランプ，高圧ナトリウム灯などがある。

(3) これまでの白熱電球や蛍光灯に代わり，（ ① ）が照明の主役になりつつある。これからは，売場ごとに照度がコントロールされていることが重要になってくる。その特徴を生かしながら（ ② ）の低減につながることが大切である。

(4) LED照明の特徴として,「省電力」「（ ① ）」「紫外線や熱線をあまり含まない」がある。また,「光源の小ささ」「（ ② ）機能」「応答速度の速さ」という特性もある。

(5) 2010年４月の改正（ ① ）の全面施行にともない，小売業の店舗では，新技術のLEDを活用し，買いやすさ・環境配慮・（ ② ）を実現し，地域

の消費者ニーズへの対応をはかろうとしている。

4 ディスプレイ効果を高める色彩の活用

（解答☞p.240）

(1) 店舗における色彩計画は，（　①　）の演出，ディスプレイ効果の向上のための手法として重要な役割を果たす。

(2) カラーコンディショニングのメリットは，1）（　①　）を望ましい方向に形成できる，2）従業員の心身の疲労を少なくし，販売活動や作業効率を高めることが可能になる，3）店舗の（　②　）を印象づけることができ，商品の陳列効果を一層高めることが可能になる，4）店舗内での事故を防ぎ，（　③　）を保つ効果もあり，また建物や設備などの保持に役立つなどがある。

(3) 店舗のコンセプトカラーを（　①　）に強く印象づけ，各売場の商品とバックの色彩を（　②　）することが必要である。

(4) 商品バックの色彩は，1）背景の色は，主役である商品に対して目立ちすぎないように，明るさや鮮やかさが弱い色が基本である，2）（　①　）は背景の色としては不向きである，3）それぞれの色の境を（　②　）ラインで区切ると，引き立って見える，4）商品の背景は，商品と同系色で，明度が低い色がマッチする，5）多彩な色を持つ商品の背景は，寒色の明度や彩度の低い色が無難であるなどがある。

(5) 店舗の色彩間の調和は，1）（　①　）となる色を決める，2）外装の色彩は，店舗の性格を表現し，通行人にアピールできるものにする，3）床と天井の色を対比させ，均衡のとれた色を決める，4）壁面は，（　②　）を持たせる必要がある，5）什器は内装と色彩が合わないものは避ける，6）外装の色彩と店内の色彩との調和を考えるなどがある。

(6) 色相は，色を構成する光の（　①　）別のエネルギー分布差にもとづく色合いの違いのことである。

(7)　（　①　）は，色のもっている明るさ，暗さを表わす。

(8)　彩度は，色の冴え方や（　①　）を表わす。

(9)　無彩色の特性は，白，灰，黒といった色合いを持たない色である。彩度は0であり，（　①　）の段階しかない。

(10)　色合いのあるすべての色が（　①　）であり，色相，明度，彩度の3つの属性がある。

(11)　暖色は，火や太陽を連想させる赤を中心に，赤紫，橙，黄などの色相であり，（　①　）である。

(12)　寒色は，水や空を連想させる青緑，青，青紫などの色相であり，（　①　）である。

(13)　進出色は，前に飛び出して見える色であり，（　①　）は膨張して進出する。

(14)　後退色は，奥に引っ込んで見える色であり，（　①　）は収縮して後退する。

(15)　補色は，（　①　）で向かい合った位置にあり，最も離れた色同士である。補色は（　②　）差が大きく，お互いが強く主張しあう色であり，効果的な配色は難しい。

(16)　（　①　）は，補色の手前の関係にあり，非常に華やかな感じが出せる。

(17)　全体的な（　①　）にもとづき，部分ごとの色を調和させることが重要である。店舗をトータルにとらえ，（　②　）で快適な空間づくりを考える必要がある。

(18)　望ましい店舗イメージを形成するためには，（　①　）1色で売場の多くを占めるようにし，残りを（　②　）の3色以内で引き締めるのがよいとされている。

| 解　答 | 重要キーワード補充問題 |

1　売場の改善と改革

(1)①ビジョン（理想）　②現実　(2)①構造（組織）　②実行　③脱却

(3)①売上　②利益　(4)①提案型　②顧客満足度

(5)①専門店　②購買頻度　(6)①商品ロス　②人件費

(7)①生活必需品　②ドラッグストア　(8)①運営コスト　②販売効率

(9)①レジ　②側面販売

2　小売業の照明の基本

(1)①来店促進　②買物環境　(2)①ローコスト　②省エネルギー

(3)①コンセプト　②照明計画　(4)①ショーウインドウ　②店格

(5)①ハイパワーライティング　②自然色　③演出効果

(6)①ステージ　②集視ポイント

(7)①重点商品　②立体感　③スポットライト　④みかけ

(8)①全般照明　②平均的　(9)①均等　②蛍光灯

(10)①ダウンライト　②指向性　(11)①インテリア　②販売促進

(12)①ライトダウン　②省エネルギー　(13)①ルクス

(14)①減光　②退色　(15)①床面　②最寄品

(16)①ルーバー　②百貨店　(17)①光源　②反射

(18)①室内　②ペンダント　(19)①均一　②シャンデリア

(20)①消灯　(21)①省エネ　②短縮化　(22)①通路　②重点照明

(23)①色温度　②ケルビン　(24)①演色性

(25)①平均演色評価数　②100　(26)①視線

(27)①蛍光灯　②可動式　(28)①明るい　(29)①トイレ

(30)①建築基準法　②避難　(31)①消防法　②誘導灯

3　光源の種類と特徴

(1)①経済的　　(2)①水銀灯　　(3)①LED　　②環境負荷

(4)①長寿命　　②調光　　(5)①省エネ法　　②低コスト

4　ディスプレイ効果を高める色彩の活用

(1)①店舗空間　　(2)①店舗イメージ　　②個性　　③安全

(3)①主要顧客層　　②コーディネート　　(4)①補色　　②白い

(5)①ベース　　②統一性　　(6)①波長　　(7)①明度　　(8)①鮮やかさ

(9)①明度　　(10)①有彩色　　(11)①興奮色　　(12)①沈静色　　(13)①暖色

(14)①寒色　　(15)①色相環　　②色相　　(16)①準補色

(17)①統一感　　②個性的　　(18)①基調色　　②アクセントカラー

第5章
顧客志向型売場づくりの基本
本試験形式問題◀

第1問　次の文章は，売場の改善と改革について述べている。文中の〔　　〕
　　　　の部分に，下記に示すア～オのそれぞれの語群から最も適当なものを
　　　　選んで，解答欄にその番号を記入しなさい。

　改善とは，「どうあるべきか」というビジョン（理想）と「こうしている」
という現実とのギャップを埋める行動である。同じ経営方法の中で常に過去と
現在を比較し，降りかかってくる目先の火の粉をどう払いのけるかという
〔　ア　〕といえる。

　これに対して，改革とは，過去から現在までの経営方法を断ち切り，構造
（組織）面や機能（〔　イ　〕）面に変革をもたらす新しい方法論を実行に移す
ことにより，現在の経営から脱却をはかる〔　ウ　〕といえる。

　改善が〔　エ　〕の効率を追求して売上高の向上をはかるねらいがあるのに
対して，改革は〔　オ　〕的視点で効果を追求して，利益の向上をはかること
をねらいとしているのである。

【語　群】
ア〔1．戦術　2．戦略　3．ビジョン　4．経営理念〕
イ〔1．経済　2．経営　3．社会　4．情報〕
ウ〔1．戦術　2．戦略　3．ビジョン　4．経営理念〕
エ〔1．値付け　2．仕入　3．日常業務　4．日常生活〕

オ〔1. 短期　2. 中期　3. 成長期　4. 成熟期〕

解答欄	ア	イ	ウ	エ	オ

第2問　次のア〜オは，売場の形態について述べている。正しいものには1を，誤っているものには2を，解答欄に記入しなさい。

ア　セルフサービス方式の売場は，低価格の生活必需品をまとめて購入する顧客に対する業態が適している。

イ　対面販売方式の売場は，専門品や高級品など，買物頻度の低い商品を販売するのに適している。

ウ　セルフセレクション方式の売場は，レジが売場ごとにいくつも設置されており，側面販売方式が組み合わされている。

エ　セルフサービス方式の売場は，商品が容易に比較選択できるショートタイムショッピング機能が必要である。

オ　対面販売方式の売場は，販売員の人件費が高くつくこともあり，売場単位の販売効率の向上が課題である。

解答欄	ア	イ	ウ	エ	オ

第3問 次の文章は, 店舗照明の機能について述べている。文中の〔 〕の部分に, 下記に示すア～オのそれぞれの語群から最も適当なものを選んで, 解答欄にその番号を記入しなさい。

来店促進機能としての店舗照明は, 〔 ア 〕や快適性を基本とした店舗イメージを醸し出すことによって, 小売店の〔 イ 〕を主張し, 顧客の〔 ウ 〕を高める。また, 購買促進機能としての店舗照明は, 〔 エ 〕や選択性を基本とした売場イメージを醸し出すことによって, 買いやすさを訴求し, 顧客の1回当たり〔 オ 〕を増加させる。

【語 群】
ア〔1. 視覚性 2. 安全性 3. 夜行性 4. 基盤性〕
イ〔1. 個性 2. 独自性 3. 存在感 4. 店名〕
ウ〔1. 注目度 2. 意識 3. 親近感 4. 来店頻度〕
エ〔1. 演出性 2. 演色性 3. 個別性 4. 回遊性〕
オ〔1. 購買金額 2. 品目 3. 買上げ点数 4. 品種数〕

解答欄	ア	イ	ウ	エ	オ

第4問 次のア～オは, 照明の分類と形式について述べている。正しいものには1を, 誤っているものには2を, 解答欄に記入しなさい。

ア 全般照明は, 店舗や売場全体を均等に照らす照明であり, 蛍光灯や白熱電球が多く使われている。

イ　重点照明は，特定の場所や商品を目立たせるための照明であり，アクセント照明ともいわれる。

ウ　装飾照明は，光で照らす効果よりも，インテリアとしての装飾効果を重視する照明であり，販売促進との連動をはかることが重要である。

エ　半直接照明は，天井や壁面の反射光が多い照明形式であり，ブラケット照明やペンダント照明などがある。

オ　半間接照明は，ルーバーやアクリル板などを付けた蛍光灯などがあり，百貨店や専門店で多く採用されている。

解答欄	ア	イ	ウ	エ	オ

第5問　次の文章は，光源の種類と特徴のなかの発光ダイオード（LED）照明について述べている。文中の〔　〕の部分に，下記に示すア～オのそれぞれの語群から最も適当なものを選んで，解答欄にその番号を記入しなさい。

　LED照明は，白熱電球や〔　ア　〕といったこれまでの照明器具と比べて，「〔　イ　〕・長寿命・紫外線や熱線をあまり含まない」といった特徴がある。また，「光源の小ささ・〔　ウ　〕・応答速度の速さ」といった特性を利用することで，従来とは違う可能性と付加価値を生み出している。小売業の店舗では，LEDを活用し，買いやすさ・環境配慮・〔　エ　〕を実現し，地域の〔　オ　〕への対応をはかろうとしている。

【語　群】

ア〔1．水銀灯　2．スポットライト　3．蛍光灯　4．ダウンライト〕

イ〔1．ハイパワー　2．明度　3．演色性　4．省エネ〕

ウ〔1．明るさ　2．調光機能　3．落ち着き　4．暗さ〕

エ〔1．低コスト　2．費用対効果　3．低エネルギー　4．選びやすさ〕

オ〔1．要望　2．期待　3．課題　4．消費者ニーズ〕

解答欄	ア	イ	ウ	エ	オ

第6問　次のア～オは，色の持つ特性について述べている。正しいものには1を，誤っているものには2を，解答欄に記入しなさい。

ア　色相は，色を構成する光の波長別のエネルギー分布差にもとづく色合いの違いのことである。

イ　白や灰色や黒の無彩色は，明度の段階しかなく，色相や彩度はない。

ウ　暖色は，火や太陽を連想させる色であり，興奮色や進出色でもある。

エ　補色は，色相環で最も離れた色同士であり，非常に華やかな感じが出せる。

オ　寒色は，水や空を連想させる色であり，沈静色や後退色でもある。

解答欄	ア	イ	ウ	エ	オ

解答・解説	本試験形式問題

第1問

【1－2－2－3－2】

　改善と改革の違いを理解してほしい。改善は，理想と現実のギャップを埋める作業であり，戦術といえる。また，改革は，中期的視点に立ち，利益向上を目的とした戦略であることを把握する必要がある。

第2問

【1－1－1－1－2】

　小売業の売場方式の違いとして，①対面販売方式，②セルフサービス方式，③セルフセレクション方式がある。それぞれの特徴，精算方法，対象となる商品，顧客のメリットなどについて，確実に理解してほしい。オの生産性の向上はセルフサービス店舗の課題である。

第3問

【2－3－4－1－3】

　店舗照明には顧客の来店促進と店内での購買促進という2つの機能を担っていることを確実に理解すること。照明計画のチェックポイントや店舗照明の各要件についても併せて習得してほしい。

第4問

【1－1－1－2－2】

　照明の分類には，アとイとウの3つがある。また，手法形状による照明の方法には5つあり，エとオが含まれる。他のものとしては，直接照明，間接照明，全般照明がある。エとオは，説明が逆である。

第5問

【3-4-2-1-4】

LED照明が採用された背景，特徴，また使用事例とハード面での課題について，確実に理解することが重要である。合わせて，白熱電球，蛍光灯，高輝度放電灯の各特徴についても把握してほしい。

第6問

【1-1-1-2-1】

色の3要素には，アの色相と明度，彩度がある。また，有彩色は色合，明度，彩度の3つの属性があるが，無彩色は明度の段階しかない。補色は色相環で向かい合った位置にあり，準補色は補色の手前の関係にある。エは，お互いが強く主張しあう色であるため，効果的な配色は難しい。非常に華やかな感じが出せるのは準補色の配色である。

5

販売・経営管理

```
┌─────────────────────────────────────┐
│  ┌──────────┐                       │
│  │ 第1章   │                       │
│  └──────────┘                       │
│      販売員の役割の基本              │
│      ➤重要キーワード補充問題          │
│                                     │
└─────────────────────────────────────┘
```

▌*1* 接客マナー　　　　　　　　　　（解答☞p.254）

1−1　接客の心構え

(1)　接客の心構えとして，顧客に安心感をもたらすために，販売員は日頃から明るい自然な笑顔ができるように（　①　）しておく必要がある。自然な笑顔とは，目尻が（　②　），口角が（　③　）いる顔をさす。

(2)　挨拶としてのお辞儀では，「かしこまりました」や「失礼致します」などでは（　①　）度のお辞儀，「いらっしゃいませ」と顧客を迎えるときは（　②　）度のお辞儀，「ありがとうございます」や「申し訳ございません」などお礼やお詫びのときは（　③　）度のお辞儀を心がける。

(3)　顧客の心理に応じた接客とは，顧客の心理はその時々で（　①　）しているため，その心理を読み取った接客のことをさす。（　②　）ときや逆に相談したいときなど，顧客心理を的確にキャッチすることが必要となる。

(4)　接客が原因で，（　①　）が発生することがあるため，正しい（　②　）を状況に応じて使えるようにすることや，（　③　）話し方，聞き方を身につけることが必要である。

1−2　敬語の基本

(1)　尊敬語は，相手（または第三者）の行為・ものごと・状態などについて，

その（　①　）を立てて述べるものである。

(2)　謙譲語Ⅰは，自分の側から，相手（または第三者）に向かう（　①　）やものごとなどについて，その向かう先の人物を立てて述べるものである。

(3)　謙譲語Ⅱは，自分側の行為やものごとなどを，相手に対して（　①　）に述べるものである。

(4)　丁寧語は，（　①　）や，文章の相手に対して丁寧に述べるものである。

(5)　美化語は，ものごとを（　①　）して述べるものである。

(6)　「行く」の尊敬語は，「（　①　）」である。

(7)　「食べる」の尊敬語は「（　①　）」である。

(8)　「見る」の尊敬語は「（　①　）」である。

(9)　「言う」の謙譲語Ⅰは「（　①　）」である。

(10)　「案内する」の謙譲語Ⅰは「（　①　）」である。

(11)　「知る」の謙譲語Ⅱは「（　①　）」である。

(12)　「利用する」の謙譲語Ⅱは「（　①　）」である。

(13)　「高い」の丁寧語は「（　①　）」である。

(14)　「おいしい」の丁寧語は「（　①　）」である。

(15)　「料理」の美化語のつけ足し型は「（　①　）」である。

(16)　「挨拶」の美化語のつけ足し型は「（　①　）」である。

(17)　「めし」の美化語の言い換え型は「（　①　）」である。

(18)　「汁」の美化語の言い換え型は「（　①　）」である。

2 クレームや返品への対応　（解答☞p.254）

2－1　クレームとその対応

(1)　クレームは，（　①　）の段階で適切に対応しないと大きな問題につながる。

(2)　販売員は，（　①　）の心理をよく理解し，対応方法を身につける必要が

ある。

(3) クレームに適切に対応することは，顧客との（ ① ）を強化するきっかけにもなる。

(4) （ ① ）のクレームでは，汚れ，傷，故障，商品に起因するケガ，また鮮度や品ぞろえへの不満などがある。

(5) 接客へのクレームは，態度・感じ・（ ① ）が悪い，待ち時間が長い，接客順を間違えた，包装が雑など，（ ② ）の言動や接客ミスから生じるものである。

(6) 床が濡れていて滑った，トイレが汚い，照明が暗い，カゴが汚い，などは（ ① ）へのクレームである。

(7) 他にも，営業時間やサービスへの不満，（ ① ）が高いなどもある。

(8) クレームは顧客にとっても（ ① ）ものであるが，それをわざわざ手間隙かけて言っているというのは，（ ② ）を信頼しているということの裏返しである。

(9) 販売員としては，嫌な顔をしたり面倒がったりすることなく，（ ① ）にクレームを聞こうとする姿勢が大切である。

(10) すぐに問題を解決できないような場合には，（ ① ）を変える（応接室や事務室へ誘導），（ ② ）を変える（上司に出てもらう），（ ③ ）を変える（調査して後日伺う）というように，状況を変えると効果的である。

(11) クレーム対応では，特に言葉づかいや（ ① ）に注意が必要である。

(12) クレーム対応の手順では第一に，「このたびはご不快な思いをおかけしてしまい，誠に申し訳ございません。お話をお聴かせいただけますでしょうか」と，まずは（ ① ）ことが重要である。

(13) 心からおわびすることで，怒りの感情を抱いている（ ① ）をクールダウンさせる必要がある。

(14) 次に，顧客の話しを（ ① ）ことが重要となる。

(15) その際，「でも」や「ですから」などの（ ① ）フレーズは，（ ② ）を逆にヒートアップさせてしまうので，使わないようにする。

(16)　さらに，事実確認と原因の究明を行った上で，返金や交換などの（　①　）を提示する。

(17)　二度と同じクレームが発生しないように，自店への（　①　）を行なう。

(18)　そして，原因の撲滅と対策を店舗の（　①　）に反映させるようにする。

2－2　返品とその対応

(1)　顧客は（　①　）に商品を購入することも少なくはなく，いざ使う段階になって返品しようとすることがある。

(2)　返品を受けるということは，販売ミスでない限り，（　①　）の一環と考える必要がある。

(3)　返品には，顧客の（　①　），販売側の錯誤や（　②　）という，大きく2つの原因がある。

(4)　顧客の返品の要求には，謙虚かつ誠実に（　①　）を聞くことが必要である。

(5)　販売員は商品に関する（　①　）であるから，商品知識に乏しい顧客に対して，求めている商品を適切に販売する責任があることを心がけておかねばならない。

(6)　返品対応の手順では，まずは顧客の話を最後まで聞き，事実を確認して（　①　）と照らし合わせる。

(7)　次に，顧客への（　①　）の言葉を述べ，対応方法を提示する。

(8)　そして，同じことが生じないように，販売員間で（　①　）する。

解 答 重要キーワード補充問題

1 接客マナー

1−1 接客の心構え

(1)①トレーニング ②下がり ③上がって

(2)①15（度） ②30（度） ③45（度）

(3)①変化 ②構ってほしくない

(4)①クレームや返品 ②敬語 ③感じの良い

1−2 敬語の基本

(1)①人物 (2)①行為 (3)①丁寧 (4)①話 (5)①美化

(6)①いらっしゃる (7)①召し上がる (8)①ご覧になる

(9)①申し上げる (10)①ご案内する (11)①存じる (12)①利用いたす

(13)①たこうございます (14)①おいしゅうございます (15)①お料理

(16)①ご挨拶 (17)①ごはん (18)①おつゆ

2 クレームや返品への対応

2−1 クレームとその対応

(1)①初期 (2)①顧客 (3)①信頼関係 (4)①商品

(5)①言葉づかい ②販売員 (6)①施設 (7)①価格

(8)①言いづらい ②店舗 (9)①素直 (10)①場所 ②人 ③時間

(11)①態度 (12)①おわびする (13)①クレーマー (14)①よく聴く

(15)①否定的 ②クレーマー (16)①対応方法 (17)①フィードバック

(18)①運営面

2−2 返品とその対応

(1)①衝動的 (2)①サービス (3)①錯誤 ②ミス (4)①顧客の話

(5)①プロ (6)①自店の返品基準 (7)①感謝

(8)①再発防止策を検討・実施

第1章

販売員の役割の基本

本試験形式問題◀

第1問　次のア～オは，接客の心構えについて述べている。正しいものには1を，誤っているものには2を，解答欄に記入しなさい。

ア　自然な笑顔とは，目尻が下がり，口角が上がっている顔である。

イ　「いらっしゃいませ」と顧客を迎えるときは，45度のお辞儀を行う。

ウ　接客の心構えとして，感じの良い話し方や聞き方を身につけるようにする。

エ　顧客の心理はその時々で変化するため，顧客から呼ばれるまで接客は待つようにする。

オ　「かしこまりました」「失礼致します」などのときは，30度のお辞儀を行う。

解答欄	ア	イ	ウ	エ	オ

第2問　次のア～オは，敬語の基本について述べている。正しいものには1を，誤っているものには2を，解答欄に記入しなさい。

ア　「言う」を尊敬語で言うと，「おっしゃる」になる。

イ 「言う」を謙譲語Ⅰで言うと，「申す」になる。

ウ 「言う」を謙譲語Ⅱで言うと，「申し上げる」になる。

エ 「おいしい」を丁寧語で言うと，「おいしゅうございます」になる。

オ 「化粧する」を美化語で言うと，「化粧をなさる」になる。

解答欄	ア	イ	ウ	エ	オ

第3問 次の文章は，クレームの対応について述べている。文中の〔 〕の部分に，下記に示すア〜オのそれぞれの語群から最も適当なものを選んで，解答欄にその番号を記入しなさい。

　顧客のクレームの種類には，まず商品に起因するものがあげられる。傷や故障，〔 ア 〕への不満も含まれる。次に接客面，そして〔 イ 〕が汚いなど施設面，営業時間や価格面などもある。顧客がクレームを言うのは，店舗への〔 ウ 〕の裏返しであることを認識すべきである。クレーム解決には，人を変える，場所を変える，時間を変えるなど，状況を変えることも効果的である。クレームへの対応としては，おわびし，顧客の話をよく聴き，状況を把握し，原因究明と〔 エ 〕を提示することになる。また，クレーム改善のためには，同じクレームが起こらないように，原因と対策を従業員全員に〔 オ 〕する。

【語　群】

ア〔1．包装　2．待ち時間　3．態度　4．品ぞろえ〕

イ〔1．トイレ　2．陳列　3．包装　4．言葉遣い〕

ウ〔1．信頼　2．苦情　3．不満　4．あきらめ〕

エ〔1．値引金額　2．引取方法　3．対応方法　4．原因説明〕

オ〔1．しかるように　2．フィードバック　3．ロールプレイング

　　4．オーソライズ〕

解答欄	ア	イ	ウ	エ	オ

第4問　次のア～オは，返品とその対応について述べている。正しいものには1を，誤っているものには2を，解答欄に記入しなさい。

ア　販売ミスでない限り，返品を受ける必要はない。

イ　返品を受けるときは，自店の返品対応基準に照らし合わせて，適切に対応する。

ウ　返品の要求に適切に対応できれば良い印象につながり，顧客の固定化がはかられる。

エ　顧客の知識不足で間違えた場合の返品は，必ず手数料をいただくようにする。

オ　返品の要求時には，少々嫌な顔を見せ，あきらめてもらうように仕向けるのも効果的である。

解答欄	ア	イ	ウ	エ	オ

| 解答・解説 | 本試験形式問題 |

第1問

【1-2-1-2-2】

　販売員の接客により，店舗の評判が上がったり，逆にクレームが生じたりすることがある。良い接客のために，しっかりと心構えを準備しておきたい。なお，エに関しては，顧客心理を的確にキャッチした接客を行うことが必要となる。

第2問

【1-2-2-1-2】

　敬語については，基本的な知識を確実に習得しておきたい。近年5種類に分かれたため，出題頻度も上がると思われる。臨機応変に，適切に使えるようにしておくこと。敬語を使う場面を想定しながら理解を深めておくようにしたい。

第3問

【4-1-1-3-2】

　クレームへの対応は，一般的に難しい要素が多い。顧客に満足してもらうには，クレームの種類や対応方法について理解したうえで，手順に沿って対処することが欠かせない。また，無理に自力で解決しようとすると問題が大きくなることもあり，上司等の力を借りることも必要である。

第4問

【2-1-1-2-2】

　販売側のミスでない返品については，サービスの一環としてとらえ，自店基準等と照らし合わせて，丁寧に対処すべきである。販売員は商品に関するプロであるため，求めている商品を適切に販売する責任があるということを前提として考えて対処する。

第2章

販売員の法令知識

➤重要キーワード補充問題

1 小売業に関する主な法規 　　(解答☞p.266)

1－1　小売業と法律

1－2　小売業の適正確保に関する法規

(1)　大規模小売店舗法（大店法）に代わって，（　①　）年6月に大規模小売店舗立地法（大店立地法）が制定された。

(2)　大店立地法の目的は「大規模小売店舗の立地に関し，その周辺地域の（　①　）保持のため，大規模小売店舗を設置する者により，その施設の配置および（　②　）について適正な配慮がなされることを確保することにある」とされている。

(3)　大店立地法の対象となる店舗は，店舗面積（　①　）㎡超の大型店である。

(4)　大店立地法の届出事項には，店舗の名称および所在地，開店日，（　①　）の位置および収容台数，廃棄物等の（　②　）の位置および容量，駐車場の（　③　）の数および位置，荷さばきの（　④　）などがある。

(5)　中小小売商業振興法は，中小小売商業の（　①　）をはかるために制定されている。

(6)　中小小売商業振興法では，中小小売商業者の組合や会社が行う認定された（　①　）に対する金融上・税制上の助成や，一般の小売業の（　②　）へ

の助成が行われる。

(7) また，（　①　）チェーンに加盟する中小事業者の保護のために，重要な契約事項を事前に説明することを（　②　）に義務づけるなどの施策がある。

(8) 商店街振興組合法では，共同事業や環境整備事業に（　①　）からの助成を行っている。

(9) （　①　）は，商店街の衰退を食い止め，市街地の整備改善と商業活性化の一体的推進等をはかるための法律である。

1－3　事業の許認可に関する法規

(1) 薬局の開設では，（　①　）法に基づき，（　②　）の許可，または政令市長・特別区長の許可を得ることが必要である。

(2) 米穀類の販売事業では，（　①　）法に基づき，（　②　）への届出が必要である。

(3) 酒類の販売事業では，（　①　）法に基づき，（　②　）の免許を得ることが必要である。

(4) 古物の販売事業では，（　①　）法に基づき，（　②　）の許可を得ることが必要である。

(5) 第1種動物取扱業者に該当するペットショップの営業では，（　①　）法に基づき，（　②　）または政令市の市長への登録が必要であり，施設ごとに（　③　）責任者の設置が必要となる。

(6) （　①　）の認められない第2種動物取扱業者は，所在地の都道府県知事または（　②　）の市長に（　③　）を行えばよい。

(7) たばこの小売販売では，（　①　）法に基づき，（　②　）の許可が必要である。

(8) 飲食店や食品販売店では，2018年の法改正により，省令で認められた（　①　）等のリスクが低い業種については，（　②　）制度が認められるようになった。

1−4　販売活動に関する法規

1−4−1　売買契約などに関する民法の規定

(1)　売買契約は，売り手の商品の引き渡しと，顧客の代金支払いという（　①　）になる。

(2)　「予約」は，予約の権利を持つ当事者の一方の意思表示で，予約から（　①　）としての売買契約が成立する（「売買の一方予約」）。

(3)　「予約」では，予約期間・期限を決めておいた場合，逸脱すると予約の効力は（　①　）。

(4)　「手付」と「内金」は，いずれも代金の一部を（　①　）支払うときに生じる。

(5)　「手付」の場合，販売側が契約を履行するまでの間，購入側は（　①　）を放棄することで自由に契約を解除できる。

(6)　「手付」における販売側は，手付の（　①　）を支払えば契約解除が可能である。

(7)　「内金」の場合，商品代金の一部前払いという解釈となり，（　①　）は認められない。

(8)　小売店と卸業者が売買契約を結ぶことなく，小売店が卸業者の商品を販売するような場合，卸業者（委任者）と小売店（受託者）は（　①　）の関係となる。

1−4−2　消費者信用取引

(1)　消費者信用取引では，カードで商品を購入することを（　①　）という。

(2)　消費者信用取引では，直接金銭を貸与することを（　①　）という。

1−4−3　割賦販売法

(1)　割賦販売とは，「購入者から代金を（　①　）ヶ月以上の期間かつ（　②　）回以上に分割して受領する条件で，指定商品を販売する」ことと定義されている。

(2)　割賦販売法では，クレジットで商品などを販売する際の（　①　）表示，

書面の交付などを割賦販売会社やクレジット会社に義務付けている。

(3) さらに割賦販売法では，一定の条件のもとで（ ① ）で購入した商品な
どの代金の支払いを停止できる権利や（ ② ）などについて規定している。

1−5 商品に関する法規

1−5−1 商品の安全確保に関する法規

(1) 消費者の生命・身体に対して特に危害を及ぼす恐れが多い製品については，
「（ ① ）マーク」がないと販売できない。

(2) （ ① ）法では，加工食品の栄養表示の義務化，詳細な（ ② ）表示，
原材料と添加物の区分表示が定められ，さらに健康の維持増進が期待される
（ ③ ）の区分も設けられている。

(3) （ ① ）法は薬事法を改正したもので，薬剤の容器もしくは梱包に，薬
剤の名称や有効成分の名称，効能または（ ② ）などの表示が義務付けら
れている。

(4) 製造物責任法（PL法）は，（ ① ）の欠陥により，消費者が生命，身体，
財産上の被害を被った場合に，（ ② ）に損害賠償を負わせることを目的
としている。

(5) 製造物責任法（PL法）では，被害者は，欠陥の存在，損害の発生，欠陥
と損害の（ ① ）の3つを証明すれば良いとされている。

1−5−2 安全な食生活と法制度

(1) 有機食品の検査認証・表示制度では，有機食品について，生産方法と作り
方に関する基準に合致しない食材や食品は「（ ① ）」の表示ができないこ
ととしている。

(2) 2001年4月にスタートした遺伝子組換え食品の表示制度では，食品安全委
員会で審査を受けていない遺伝子組換え食品は，（ ① ）や（ ② ）な
どが禁止されている。

(3) 遺伝子組換え食品のうち，現在までに安全性審査を経たものは，農産物
（ ① ）作物と食品添加物（ ② ）品目である。

(4)　（　①　）はおいしく食べることができる期限を，（　②　）はその期限が過ぎたら食べない方が良い期限を意味している。

1－5－3　商品の計量に関する法規

(1)　長さはメートル，体積は（　①　），質量は（　②　），濃度は質量百分率など，商品の計量は法定計量単位で行う必要がある。

(2)　計量器は，検定証印などが付されているもので，（　①　）内のものを使用する必要がある。

1－5－4　商品の規格および品質表示に関する法規

(1)　標準品や規格品であることを示すマークには，工業標準化法による「（　①　）マーク」，農林物質の規格化等に関する法律による「（　②　）マーク」，健康増進法・食品衛生法による「（　③　）マーク」などがある。

(2)　家庭用品品質表示法では，消費者が購入に際して（　①　）の識別が困難で，識別する必要性の高いものが指定されている。

1－6　販売促進に関する法規

(1)　不当景品類および不当表示防止法では，取引に（　①　）景品類の提供が規制されている。

(2)　総付（ベタ付）景品の場合における景品類の限度額は，取引価額1,000円未満は200円，1,000円以上は取引価額の（　①　）である。

(3)　一般懸賞の場合における景品類の限度額は，取引価額5,000円未満は取引価額の（　①　）倍，5,000円以上は10万円であり，また景品類の総額は，懸賞にかかわる売上予定総額の（　②　）％以内とされている。

(4)　共同懸賞における景品類の限度額は，取引価額にかかわらず（　①　）円であり，また景品類の総額は，懸賞にかかわる売上予定総額の（　②　）％以内とされている。

(5)　「商品の品質，規格その他の内容についての不当表示」とは，商品内容等について，実際よりも著しく（　①　）であると表示することである。

(6)　「商品の価格その他の取引条件についての不当表示」とは，（　①　）につ

いて，実際よりも著しく有利であると表示することである。

(7)　12,000円の商品を10,000円で販売するときに，「通常20,000円を10,000円で販売」や「市価の半値」と表示するようなケースは不当な（　①　）とされている。

2 環境問題と消費生活

（解答☞p.267）

2-1　環境基本法

(1)　環境基本法の目標は，「循環」，「（　①　）」，「参加」，「国際的取組み」を実現する社会の構築とされている。

(2)　環境基本法の具体的対策としては，大気・水・土壌・地盤の（　①　），廃棄物・リサイクル対策，化学物質の環境（　②　）対策，技術開発に関した環境配慮および新たな課題，が掲げられている。

(3)　環境基本法の販売活動へのかかわりでは，環境に配慮した商品やサービスの提供を優先させる（　①　），（　②　）の撤廃や包装容器の積極的なリサイクル活動への取組み，店舗の（　③　）対策などの面においてのきめ細かな活動が求められる。

2-2　各種リサイクル法と販売店の課題

(1)　容器包装リサイクル法で再商品化義務の対象となる品目は，ガラスびん，PETボトル，紙製容器包装，（　①　）である。

(2)　家電リサイクル法では，冷蔵庫・冷凍庫，テレビ全般，（　①　），洗濯機・衣類乾燥機という４種類の家庭電気製品の回収が義務付けられ，廃棄に（　②　）がかかるようになっている。

(3)　食品リサイクル法は，食品関連事業者を対象とし，食品廃棄物の発生の抑制や減量，（　①　）等を促進するとしている。

2-3 環境影響評価・環境関連事業の推進

(1) 「環境影響評価（環境アセスメント）法」は，公害発生や環境破壊防止のために，（ ① ）年に制定された。

(2) 「預託払戻制度（デポジット・リファンド・システム）」は，ビール瓶の引取り時に（ ① ）が戻ってくるものである。

(3) エコマーク事業（環境ラベリング制度）では，（ ① ）が相対的に少ない商品，環境保全に寄与する効果が大きい商品などにエコマークが付与される制度である。

(4) 国際的な省エネルギー制度では，オフィス機器について，消費電力など省エネ性能が優れた製品について一定の基準を満たした場合，「（ ① ）」が使用できる。

2-4 環境規格とビジネス活動

(1) 国際規格である「（ ① ）シリーズ」は，環境問題を企業経営面からとらえたものであり，全社的観点からの環境マネジメントシステム構築のための規格である。

(2) 近年では，商店街による環境保全活動など（ ① ）でも，環境に配慮した活動事例が増加してきている。

解 答　重要キーワード補充問題

1　小売業に関する主な法規

1−1　小売業と法律

1−2　小売業の適正確保に関する法規

(1)①1998（年）　　(2)①生活環境　　②運営方法　　(3)①1,000（㎡）

(4)①駐車場（駐輪場）　　②保管施設　　③出入口　　④時間帯

(5)①振興　　(6)①高度化事業　　②経営近代化

(7)①フランチャイズ　　②本部事業者　　(8)①国（から）

(9)①中心市街地活性化法

1−3　事業の許認可に関する法規

(1)①医薬品医療機器等（法）　　②都道府県知事

(2)①食糧（法）　　②農林水産大臣　　(3)①酒税（法）　　②所轄税務署長

(4)①古物営業（法）　　②都道府県公安委員会

(5)①動物愛護管理（法）　　②都道府県知事　　③動物取扱（責任者）

(6)①営利性　　②政令市　　③届出　　(7)①たばこ事業（法）　　②財務大臣

(8)①食中毒　　②届出

1−4　販売活動に関する法規

1−4−1　売買契約などに関する民法の規定

(1)①双務契約　　(2)①本契約　　(3)①失われる　　(4)①先に　　(5)①手付

(6)①倍額　　(7)①契約解除　　(8)①委任契約

1−4−2　消費者信用取引

(1)①販売信用　　(2)①金融信用

1−4−3　割賦販売法

(1)①2（ヶ月）　　②3（回）　　(2)①条件

(3)①クレジット　　②クーリングオフ

1-5 商品に関する法規

1-5-1 商品の安全確保に関する法規

(1)①PSC（マーク）

(2)①食品表示法（法）　②アレルギー　③機能性表示食品

(3)①医薬品医療機器等（法）　②効果

(4)①製品　②事業者　(5)①因果関係

1-5-2 安全な食生活と法制度

(1)①有機　(2)①輸入　②販売

(3)①8（作物）　②9（品目）　(4)①賞味期限　②消費期限

1-5-3 商品の計量に関する法規

(1)①立方メートル（リットル）　②キログラム（グラム・トン）

(2)①有効期間（内）

1-5-4 商品の規格および品質表示に関する法規

(1)①JIS（マーク）　②JAS（マーク）　③特定保健用食品（マーク）

(2)①品質

1-6 販売促進に関する法規

(1)①付随した　(2)①10分の2　(3)①20（倍）　②2（％）

(4)①30万（円）　②3（％）　(5)①優良　(6)①取引条件

(7)①二重価格表示

2 環境問題と消費生活

2-1 環境基本法

(1)①共生　(2)①保全　②リスク

(3)①販売努力　②過剰包装　③ゴミ減量化

2-2 各種リサイクル法と販売店の課題

(1)①プラスチック製容器包装　(2)①エアコン　②費用　(3)①再生利用

2-3 環境影響評価・環境関連事業の推進

(1)①1997（年）　(2)①お金

(3)①環境負荷 (4)①国際エネルギースターロゴ

2-4 環境規格とビジネス活動

(1)①ISO 14000 (2)①流通業界

第2章

販売員の法令知識

本試験形式問題◀

第1問　次のア～オは，小売業に関する主な法規について述べている。正しいものには1を，誤っているものには2を，解答欄に記入しなさい。

ア　大規模小売店舗立地法は，大型店の出店や営業活動を規制する方向で運用されている。

イ　中小小売商業振興法には，共同経済事業と環境整備事業がある。

ウ　商店街振興組合法では，中小小売商業者の組合等が高度化事業を実施する場合，認定した上で金融や税制上の助成が行われる。

エ　中心市街地活性化法は，都市機能の増進および経済活力の向上を総合的かつ一体的に推進するための法律として制定されている。

オ　大規模小売店舗法の審査内容は，店舗周辺の生活環境が保持されるかどうかかである。

解答欄	ア	イ	ウ	エ	オ

第2問 次の文章は，小売業に関する主な法規について述べている。文中の〔　〕の部分に，下記に示すア〜オのそれぞれの語群から最も適当なものを選んで，解答欄にその番号を記入しなさい。

・　薬局を営むには，「医薬品医療機器等法」にもとづき，〔　ア　〕の許可が必要である。

・　酒類販売業を営むには，「酒税法」にもとづき，所轄税務署長〔　イ　〕が必要である。

・　米穀類販売業を営むには，「食糧法」にもとづき，〔　ウ　〕への届出が必要である。

・　ペットショップを営むには，「〔　エ　〕」にもとづき，都道府県知事への登録が必要である。

・　たばこ販売業を営むには，「たばこ事業法」にもとづき，〔　オ　〕の許可が必要である。

【語　群】

ア〔1．都道府県知事　2．農林水産大臣　3．経済産業大臣
　　4．財務大臣〕

イ〔1．の許可　2．への届出　3．の免許　4．への登録〕

ウ〔1．都道府県知事　2．農林水産大臣　3．経済産業大臣
　　4．財務大臣〕

エ〔1．動物販売管理法　2．動物愛護管理法　3．動植物保護法
　　4．動物販売業法〕

オ〔1．都道府県知事　2．農林水産大臣　3．経済産業大臣
　　4．財務大臣〕

解答欄	ア	イ	ウ	エ	オ

第3問 次の文章は，販売活動に関する法規について述べている。文中の
〔　〕の部分に，下記に示すア～オのそれぞれの語群から最も適当
なものを選んで，解答欄にその番号を記入しなさい。

〔　ア　〕は，売り手の商品の引き渡しと顧客の代金支払いという〔
イ　〕になる。一般に店舗販売では，引き渡しと代金支払いが同時という〔
ウ　〕になるが，予約や手付などによる売買もある。予約は，権利を持つ当事
者の一方の意思表示で，予約から〔　エ　〕としての売買契約が成立する。手
付の場合，売り主は〔　オ　〕を支払うことで契約解除が可能となる。

【語　群】

ア〔1．割賦契約　2．売買契約　3．委任契約　4．販売契約〕

イ〔1．直接契約　2．信用契約　3．書面契約　4．双務契約〕

ウ〔1．同時売買　2．現実売買　3．交換売買　4．委託売買〕

エ〔1．信用契約　2．意思契約　3．仮契約　4．本契約〕

オ〔1．手付の倍額　2．手付金額　3．手付の半額　4．手付の3倍額〕

解答欄	ア	イ	ウ	エ	オ

第4問 次のア～オは，割賦販売について述べている。正しいものには1を，
誤っているものには2を，解答欄に記入しなさい。

ア 割賦販売は，「割賦販売法」が適用される。

イ 現金提供価格や商品の引渡時期など，小売店に書面の交付が義務づけられ
ている。

ウ クレジット会社が消費者に代わって小売店に代金の支払いをする形態が
ローン提携販売である。

エ 消費者が金融機関から代金を借り入れて商品を購入し，小売店が消費者の
債務を保証するという形態が信用購入あっせんである。

オ 契約後の一定期間，消費者に考える時間を与え，消費者が一方的に契約を
解除できる制度をクーリングオフという。

解答欄	ア	イ	ウ	エ	オ

第5問 次のア～オは，商品に関する法規について述べている。正しいもの
には1を，誤っているものには2を，解答欄に記入しなさい。

ア PSCマークが無い石油ストーブを販売することはできない。

イ PL法は，製品の欠陥により消費者が生命・身体・財産上の被害を被った
場合に，最終の販売者に対して賠償責任を負わせることを目的とした法律で
ある。

ウ 食品安全委員会で審査を受けていない遺伝子組換え食品は，輸入も販売も
できない。

エ サンドイッチには，賞味期限を表示する必要がある。

オ 缶詰には，消費期限を表示する必要がある。

解答欄	ア	イ	ウ	エ	オ

第6問 次の文章は，販売促進に関する法規について述べている。文中の〔　〕の部分に，下記に示すア～オのそれぞれの語群から最も適当なものを選んで，解答欄にその番号を記入しなさい。

　販売促進に関する法規には〔　ア　〕がある。不当景品類の規制の中で，購入価額に応じたスタンプを提供する場合は，〔　イ　〕としての規制に，また，一定地域で小売・サービス業者の相当数が共同して行う場合は，〔　ウ　〕としての規制に該当する。

　絹混用率が60％の商品に，「絹100％」と表示するのは，〔　エ　〕に該当する。実際価格が10,000円の商品を8,000円で販売する時に「市価の半値」と表示することは，〔　オ　〕として不当表示となる。

【語　群】

ア〔1．景品表示法　　2．独占禁止法　　3．下請法　　4．PL法〕

イ〔1．一般懸賞　　2．総付（ベタ付）景品　　3．オープン懸賞
　　4．共同懸賞〕

ウ〔1．一般懸賞　　2．総付（ベタ付）景品　　3．オープン懸賞
　　4．共同懸賞〕

エ〔1．優良誤認表示　　2．二重価格表示　　3．有利誤認表示

　　4．品質過剰表示〕

オ〔1．優良誤認表示　　2．二重価格表示　　3．有利誤認表示

　　4．赤札表示〕

解答欄	ア	イ	ウ	エ	オ

第7問　次の文章は，環境基本法について述べている。文中の〔　　〕の部分に，下記に示すア～オのそれぞれの語群から最も適当なものを選んで，解答欄にその番号を記入しなさい。

　環境基本法の基本的方向は〔　ア　〕によって示されるが，その目標は「〔　イ　〕」，「共生」，「参加」，「国際的取組み」を実現する社会の構築である。具体的には，①大気汚染の保全，②水環境の保全，③土壌環境・〔　ウ　〕の保全，④〔　エ　〕・リサイクル対策，⑤〔　オ　〕の環境リスク対策，⑥技術開発に関する環境配慮や課題などを掲げている。

【語　群】

ア〔1．消費者教育計画　2．二酸化炭素削減計画　3．地球温暖化対策

　　4．環境基本計画〕

イ〔1．権利の確保　2．自立　3．省エネ　4．循環〕

ウ〔1．海洋環境　2．山林環境　3．地盤環境　4．海岸線〕

エ〔1．廃棄物　2．情報機器　3．液晶部品　4．古着〕

オ〔1．伝染病原菌　2．核燃料　3．生態系　4．化学物質〕

解答欄	ア	イ	ウ	エ	オ

第8問　次のア〜オは、家電リサイクル法について述べている。正しいものには1を、誤っているものには2を、解答欄に記入しなさい。

ア　液晶テレビは、廃家電4品目には該当しない。

イ　消費者には、廃家電4品目の小売店への引き渡しと費用負担の義務がある。

ウ　小売店は、消費者から廃家電4品目の引き取りを求められた場合、自店の販売分でなくとも引き取る義務がある。

エ　廃家電4品目を小売店が引き取った場合、適切に廃棄する必要がある。

オ　小売店が廃家電4品目を引き取る際には、「家電リサイクル券」を発行する必要がある。

解答欄	ア	イ	ウ	エ	オ

第9問　次の文章は、食品リサイクル法について述べている。文中の〔　　〕の部分に、下記に示すア〜オのそれぞれの語群から最も適当なものを選んで、解答欄にその番号を記入しなさい。

この法律では、〔　ア　〕が対象になっており、次のような優先順序で再生

利用に取り組むこととされている。製造・流通・消費の各段階で〔 イ 〕そのものの発生を抑制し，〔 ウ 〕できるものは飼料や肥料として利用する。それらが困難な場合に限り〔 エ 〕を行う。いずれも困難な場合は脱水・乾燥などで減量し，処理しやすくする。なお，対象事業者には，〔 オ 〕が設定されている。

【語　群】

ア〔1．産業廃棄処理業者　2．食品関連事業者　3．リサイクル業者
　　4．最終処分場〕
イ〔1．二酸化炭素　2．食品廃棄物　3．亜硫酸ガス　4．食品在庫〕
ウ〔1．再資源化　2．製造　3．飲食　4．配送〕
エ〔1．熱回収　2．廉価販売　3．海洋投棄　4．気化工程〕
オ〔1．罰金　2．リサイクル処理　3．国への登録　4．実施率目標〕

解答欄	ア	イ	ウ	エ	オ

第10問　次のア～オは，環境影響評価や環境関連事業について述べている。
　　　　　正しいものには1を，誤っているものには2を，解答欄に記入しなさい。

ア　小売店にビール瓶を持ち込んだ際にお金が戻ってくる制度は，預託払戻制度である。
イ　環境ラベリング事業では，生ゴミ処理機は対象外であり，エコマークは付与されない。
ウ　グリーンマーク事業では，古紙を80％以上原料とした紙製品にグリーン

マークを付与している。

エ　オフィス機器の省エネルギーを推進するための国際的な規格として，
　　ISO 14000シリーズがある。

オ　国際エネルギースタープログラムでは，現在世界9か国・地域で実施され
　　ている。

解答欄	ア	イ	ウ	エ	オ

解答・解説 | 本試験形式問題

第1問

【2-2-2-1-2】

　アとオ，およびイとウは，それぞれの法律名が逆である。法律については
とっつきにくいかもしれないが，間違いやすい部分や特徴を自分なりにまとめ
て理解しておきたい。

第2問

【1-3-2-2-4】

　この分野も，記憶するには紛らわしさがある。やはり，この分野についても，
それぞれの特徴を押さえつつ，キーワードで記憶を辿って解答できるように整
理しておきたい。

第3問

【2-4-2-4-1】

　商品と金銭の交換は売買を意味し，店舗などでは同時に行われるが，予約・
手付・内金など交換が同時でない場合にはトラブルが生じることがあるので注
意したい。

第4問

【1-1-2-2-1】

　ウとエは，説明文が逆になっている。オのクーリングオフは，実際の実務で
も直面する場面もあろうことから，理解を深めておきたい。

第5問

【1-2-1-2-2】

　PSCマーク制度には，石油ストーブなど特性製品と乳幼児用ベッドなどの特

別特定製品の2種類がある。イは，最終的な販売者のみならず，製造・加工・輸入事業者等も含まれる。エとオは，消費期限と賞味期限が逆である。

第6問

【1－2－4－1－2】

　不当景品類の規制では，取引に付随した景品類の提供が規制されている。また，不当表示には，都道府県知事による指示や消費者庁長官による措置命令などがある。

第7問

【4－4－3－1－4】

　少々細かい知識が求められるが，イの問題である目標の4項目は覚えておきたい。それ以外は，おおむね妥当な選択が可能と思われるので，意味合いを考えながら対処したい。

第8問

【2－1－2－2－1】

　廃家電4品目については，理解が必要である。引き取った廃家電について，小売店は製造業者（家電メーカー）に引き渡す義務があり，また製造業者はその廃家電をリサイクル処理する義務がある。この一連の流れも把握しておきたい。

第9問

【2－2－1－1－4】

　対象となる食品関連事業者は，製造業，加工業，卸売業，小売業，飲食店と幅広くなっている。そして，実施率目標（基準実施率）を毎年上回ることが求められている。

第10問

【1 - 2 - 2 - 2 - 1】

　アの預託払戻制度は，デポジット・リファンド・システムと呼ばれる。エコマーク，グリーンマーク，国際エネルギースタープログラム，ISO 14000シリーズについて，各々理解を深めておくこと。

第3章

小売業の計数管理
➤重要キーワード補充問題

---

1 販売員に求められる計数管理 （解答☞p.287）

1−1　計数管理の必要性

⑴　計数管理とは，店舗の売上や（　①　）などを具体的な数字で表現し，それを用いて店舗の経営を（　②　）していくことである。

1−2　利益の構造

⑴　売上総利益（粗利益高）は，全費用を賄う大元の利益であり，「（　①　）−（　②　）」で表される。

⑵　営業利益は，（　①　）で儲けた利益であり，「売上総利益（粗利益高）−（　②　）」で表される。

⑶　経常利益は，（　①　）の活動も加えた企業全体で儲けた利益であり，「営業利益±（　②　）」で表される。

⑷　税引前当期純利益は，「経常利益±（　①　）」で表される。

⑸　当期純利益は，最終的に（　①　）に残る利益であり，「税引前当期純利益−（　②　）」で表される。

⑹　小売業の計数管理では，まず（　①　）の目標を立てることが重要であり，続いて（　②　）の目標を立てることになる。

⑺　販売員は，その目標を受けて，（　①　）でできることを具体的に考える

ことが必要である。

2 売上高・売上原価・売上総利益 （粗利益高）の関係

（解答☞ p. 287）

2−1 売 上 高

2−1−1 売上高とは

(1) 売上高は，顧客の視点で見た場合には，「売上高＝（ ① ）×（ ② ）」で表現される。

2−1−2 売上高を増やすには

(1) 買上客数は，「（ ① ）×（ ② ）」で表され，①は入店した顧客総数であり，②は入店客のうち実際に購入した顧客の比率である。

(2) 客単価は，「（ ① ）×（ ② ）」で表され，①は顧客1名当たりの購入点数であり，②は購入された商品1個当たりの平均価格である。

(3) 売上高を増やす方法として，一般的には，（ ① ）を増やすより，1人当たりの（ ② ）を増やす方が取り組みやすいといわれている。

(4) そのため，まずは（ ① ）の増加を，次に（ ② ）の増加に取り組むことが妥当といえる。

2−2 売上総利益（粗利益高）

2−2−1 売上総利益（粗利益高）とは

(1) 売上高から（ ① ）を差し引いた利益が，売上総利益（粗利益高）である。

(2) 80円で仕入れた商品を130円で販売した場合の売上総利益（粗利益高）は，（ ① ）となる

(3) 売上総利益（粗利益高）が売上高に対してどのくらいの割合になっているかを示すのが（ ① ）であり，200円で仕入れた商品を350円で販売した場

合の（　①　）は（　②　）となる。

２−２−２　値入高と売上総利益（粗利益高）との違い

(1)　仕入原価に必要な（　①　）を乗せて売価（販売価格）を決めることを「（　②　）」という。

(2)　予定する利益は「（　①　）」であり，販売活動の結果として得られる利益は「（　②　）」となる。

(3)　予定する利益と販売の結果得られる利益が相違するのは，販売活動の実施中に値下や万引などの（　①　）が生じるからである。

２−２−３　値入高と値入率

(1)　値入高が販売価格（売価）に対してどのくらいの割合になっているかを示すのが（　①　）であり，100円で仕入れた商品の売価を130円とした場合の（　①　）は（　②　）となる。

２−２−４　値下と売上総利益の関係

(1)　仕入単価が200円の商品を10個仕入れ，販売単価を300円にしたときの全体としての値入額は（　①　）であり，値入率は（　②　）となる。

(2)　(1)の販売を実施し，7個は予定通りの売価で販売し，3個については汚損が生じたため販売単価を10％値下げして売り切った。この時の売上総利益は（　①　）であり，売上総利益率は（　②　）となる。

(3)　目標とする売上総利益（粗利益高）を確保するには，このような（　①　）をゼロに近づける工夫や取り組みが必要である。

２−３　売上原価

２−３−１　売上原価とは

(1)　売上原価とは，実際の売上をつくるために使った商品分の（　①　）である。

(2)　1房120円のブドウを20房仕入れ，1房180円で15房販売した場合の売上高は（　①　）であり，このときの売上原価は（　②　）となる。

(3)　(2)において，残った5房は（　①　）となる。

2−3−2 正確な売上原価の把握

(1) 売上原価の算出式は，「（ ① ）在庫高＋（ ② ）仕入高−（ ③ ）在庫高」として示される。

(2) 会計期間が4月1日から3月31日までの小売店で，4月1日に仕入単価10円で5個の在庫があり，その後365日の仕入れが単価10円で110個，3月31日の在庫が仕入単価10円で15個あった場合の売上原価は（ ① ）となる。

2−3−3 棚 卸

(1) 正確な売上原価を算出するためには，期末の在庫数量を確定させる必要があるが，その作業を（ ① ）という。（ ① ）には，帳簿上で行う（ ② ）と実際に店舗や倉庫で品目ごとに数量を数えて行う（ ③ ）がある。

2−4 ロ ス 高

(1) （ ① ）とは，当初予定の売価と結果の売上高との差額を指す。

(2) （ ① ）は，仕入段階の売価を引き下げることで生じる。

(3) （ ① ）は，鮮度の低下，汚損・破損などにより，廃棄処分することで生じる。この場合，その商品の仕入原価の（ ② ）が損失になる。

(4) （ ① ）とは，原因が特定できないものであり，多くの場合，実地棚卸で判明する。（ ② ）要因としては万引や盗難，（ ③ ）要因ではレジでの登録ミス，商品の検品ミス，従業員の不正などが考えられる。

2−5 商品の効率

2−5−1 適正な在庫の保有

(1) 在庫が少なすぎると（ ① ）の発生率が高まり，（ ② ）が低下したりする事態を招きかねない。

(2) 一方，在庫が多すぎると（ ① ）の劣化や（ ② ）遅れになる可能性があり，廃棄せざるを得ない事態になりかねない。

(3) 小売業が，資金を有効活用して適正な利益を確保するために必要な在庫量

を「（　①　）」という。

2－5－2　商品回転率

(1)　商品回転率とは，小売業の（　①　）を表す指標の一つであり，1年間に，（　②　）が何回転したかを示す指標である。

(2)　商品回転率の計算式は，「（　①　）÷（　②　）」，単位は「回」で示される。

2－5－3　在 庫 日 数

(1)　在庫日数とは，「今，店舗には何日分の（　①　）に相当する在庫があるのか」を示したものである。

(2)　在庫日数の算出式は「（　①　）÷（　②　）」，単位は「日」で示される。

2－6　売上総利益と営業利益の関係

2－6－1　営業利益とは

(1)　営業利益は，売上総利益（粗利益額）から（　①　）を差し引いた残りの利益である。

(2)　営業利益は，（　①　）の儲けを意味するため，営業利益が赤字であれば，（　②　）の在り方そのものに問題があることになる。

(3)　売上高に対する営業利益の割合を示す指標である「（　①　）」の算出式は「（　②　）÷（　③　）×100」，単位は「％」であり，数値は（　④　）ほど良好である。

2－6－2　販売費及び一般管理費とは

(1)　販売費及び一般管理費とは，従業員の給料など（　①　），店舗家賃，水道光熱費，広告宣伝費，消耗品費，その他各種の（　②　）などの総称である。

(2)　営業利益を最大化するには，売上高や売上総利益（粗利益高）に対する販売費及び一般管理費の（　①　）を低減させることが欠かせない。

3 実務における計算 (解答☞p. 289)

3−1 消費税の基本

3−1−1 消費税とは

(1) 消費税とは，商品やサービスを（　①　）した時にかかる税金である。

(2) 消費税を支払うのは（　①　），納めるのは小売店などの（　②　）となるが，このように税金を「支払う人」と「納める人」が異なる税金を（　③　）と呼ぶ。

3−1−2 内税と外税の違い

(1) 商品やサービスの代金について，消費税が含まれている場合は，「（　①　）」や「（　②　）込み」と表示される。

(2) 含まれていない場合は，「（　①　）」や「（　②　）抜き」と表示される。

3−2 消費税の計算

3−2−1 税抜き（外税）商品の消費税の計算

(1) 消費税率を10％として，「300円（税抜き）」という表示の場合の消費税額は，（　①　）となる。

3−2−2 税抜き（外税）商品の税込価格の計算

(1) 消費税率を10％として，「400円（税抜き）」という表示の場合の税込価格は，（　①　）となる。

3−2−3 税込み（内税）商品の消費税の計算

(1) 消費税率を10％として，「781円（税込み）」という表示の場合の消費税額は，（　①　）となる。

3−2−4 税込み商品の税抜き価格（本体価格）の計算

(1) 消費税率を10％として，「858円（税込み）」という表示の場合の税抜き価格（本体価格）は，（　①　）となる。

解答　重要キーワード補充問題

1　販売員に求められる計数管理

1－1　計数管理の必要性

(1)①利益　　②管理

1－2　利益の構造

(1)①売上高　　②売上原価

(2)①本業　　②販売費及び一般管理費（販管費）

(3)①営業外　　②営業外損益　　(4)①特別損益

(5)①手元（会社）　　②法人税等　　(6)①売上高　　②売上総利益（粗利益高）

(7)①売場

2　売上高・売上原価・売上総利益（粗利益高）の関係

2－1　売　上　高

2－1－1　売上高とは

(1)①買上客数　　②客単価　　（①と②は順不同）

2－1－2　売上高を増やすには

(1)①入店客数　　②買上率　　(2)①買上点数　　②１品当たり平均単価

(3)①買上客数　　②客単価　　(4)①客単価　　②買上客数

2－2　売上総利益（粗利益高）

2－2－1　売上総利益（粗利益高）とは

(1)①売上原価　　(2)①50円

(3)①売上総利益率（粗利益率）

　　②42.9%（150÷350×100＝42.857%…小数点第二位を四捨五入）

2－2－2　値入高と売上総利益（粗利益高）との違い

(1)①利益　　②値入れ（ねいれ）　　(2)①値入高　　②売上総利益（粗利益高）

(3)①ロス

2−2−3　値入高と値入率

(1)①値入率

②23.1％（30÷130×100＝23.076％…小数点第二位を四捨五入）

2−2−4　値下と売上総利益の関係

(1)①1,000円

②33.3％（1,000÷3,000×100＝33.333％…小数点第二位を四捨五入）

(2)①910円

②31.3％（（100円×7個＋70円×3個）÷（300円×7個＋270円×3個）

＝31.271％…小数点第二位を四捨五入）

(3)①ロス

2−3　売上原価

2−3−1　売上原価とは

(1)①仕入金額　　(2)①2,700円　　②1,800円　　(3)①在庫

2−3−2　正確な売上原価の把握

(1)①期首　　②期中　　③期末

(2)①1,000円（期首在庫高50円＋期中仕入高1,100円−期末在庫高150円）

2−3−3　棚　　卸

(1)①棚卸　　②帳簿棚卸　　③実地棚卸

2−4　ロ ス 高

(1)①ロス高　　(2)①値下ロス（値下高）　　(3)①廃棄ロス　　②全額

(4)①不明ロス　　②外的　　③内的

2−5　商品の効率

2−5−1　適正な在庫の保有

(1)①欠品　　②生産性　　(2)①品質　　②流行　　①適正在庫

2−5−2　商品回転率

(1)①販売効率　　②仕入れた商品　　(2)①売上高　　②平均在庫高（売価）

2−5−3　在 庫 日 数

(1)①売上高　　(2)①現在の保有在庫高（売価）　　②1日の平均売上高

2-6 売上総利益と営業利益の関係

2-6-1 営業利益とは

⑴①販売費及び一般管理費 ⑵①本業 ②経営

⑶①売上高営業利益率 ②営業利益 ③売上高 ④高い

2-6-2 販売費及び一般管理費とは

⑴①人件費 ②経費 ⑵①割合

3 実務における計算

3-1 消費税の基本

3-1-1 消費税とは

⑴①消費 ⑵①消費者 ②事業者 ③間接税

3-1-2 内税と外税の違い

⑴①内税 ②税（込み） ⑵①外税 ②税

3-2 消費税の計算

3-2-1 税抜き（外税）商品の消費税の計算

⑴①30円…「税抜き価格300円×消費税率10%（0.1）」

3-2-2 税抜き（外税）商品の税込価格の計算

⑴①440円…「税抜き価格400円×（1＋消費税率10%（0.1））」

3-2-3 税込み（内税）商品の消費税の計算

⑴①71円…「税込み価格781円÷（1＋消費税率10%（0.1））×消費税率10%（0.1）」

3-2-4 税込み商品の税抜き価格（本体価格）の計算

⑴①780円…「税込み価格858円÷（1＋消費税率10%（0.1））」

第3章

小売業の計数管理

本試験形式問題◀

第1問　次の文章は，計数管理の必要性について述べている。文中の〔　　〕の部分に，下記に示すア～オのそれぞれの語群から最も適当なものを選んで，答案用紙の所定欄にその番号を記入しなさい。

　小売業の状態を具体的に把握するには，店舗に関する〔　ア　〕を押さえることが必要である。単に「先月は忙しかった」といっても，売上や利益が増えたかはわからない。〔　イ　〕が増えたのかもしれないし，スタッフが不足していたのかもしれない。そこで，先月と今月の〔　ウ　〕を比較すれば，誰もが一目瞭然となるのである。小売業は，店舗の売上高や〔　エ　〕などを具体的な数字で表現し，店舗の〔　オ　〕を管理していくことが必要である。

【語　群】
ア〔1．ロケーション　2．顧客属性　3．評判　4．数字〕
イ〔1．スタッフ　2．家事　3．店前交通量　4．来店客〕
ウ〔1．気温　2．勤務人数　3．売上高　4．営業時間〕
エ〔1．利益　2．評判　3．顧客属性　4．気温〕
オ〔1．ロケーション　2．経営　3．店前交通量　4．売上高〕

解答欄	ア	イ	ウ	エ	オ

第2問 次のア～オは，利益の構造について述べている。正しいものには1を，誤っているものには2を，答案用紙の所定欄に記入しなさい。

ア　売上総利益（粗利益高）は，売上高から売上原価を控除して求める。

イ　営業利益は，売上総利益（粗利益高）に営業外損益を加味して求める。

ウ　経常利益は，営業利益に販売費及び一般管理費を加味して求める。

エ　税引前当期純利益は，経常利益に特別損益を加味して求める。

オ　当期純利益は，税引前当期純利益から法人税等を控除して求める。

解答欄	ア	イ	ウ	エ	オ

第3問 次のア～オは，売上高について述べている。正しいものには1を，誤っているものには2を，答案用紙の所定欄に記入しなさい。

ア　売上高は，〔買上客数×買上率〕として表される。

イ　買上客数は，〔買上点数×1品当たり平均単価〕として表される。

ウ　客単価は，〔入店客数×買上客数〕として表される。

エ　売上高を増やすには，買上客数を増やすか，または客単価を増やすしかな

い。

オ　売上高を増やすためには，買上点数を増やす方策よりも，買上客数を増や
　　す方策の方が取り組みやすい。

解答欄	ア	イ	ウ	エ	オ

第4問　次のア〜オは，売上総利益（粗利益高）と売上原価について述べて
　　　　　いる。正しいものには1を，誤っているものには2を，答案用紙の所
　　　　　定欄に記入しなさい。

ア　売上総利益率は，粗利益高を売上高で控除して求める。

イ　仕入時点で設定した売価と仕入原価の差は，値入高である。

ウ　仕入原価60円，値入額45円，実際の売上高100円ならば，値入率は40％で
　　ある。

エ　期首の在庫金額が1,000円で，期末の在庫金額が800円，この期の仕入金額
　　が10,200円であった場合の売上原価は，10,000円である。

オ　棚卸を行わなければ，正確な売上原価が判明せず，ひいては売上総利益
　　（粗利益高）が算出できない。

解答欄	ア	イ	ウ	エ	オ

第5問　次の文章は，ロス高について述べている。文中の〔　　〕の部分に，下記に示すア～オのそれぞれの語群から最も適当なものを選んで，答案用紙の所定欄にその番号を記入しなさい。

　ロス高には，まず需要予測の誤りなどで売価を引き下げたことで生じる〔　ア　〕ロスがある。次に，鮮度低下や汚損・破損のために処分することで生じる〔　イ　〕ロスがあるが，この場合は〔　ウ　〕の全額が損失となる。そして，実地棚卸で判明する〔　エ　〕ロスの三つがある。なお，ロス率は，「ロス高÷〔　オ　〕×100（%）」で求められる。

【語　群】
ア〔1．値下　2．廃棄　3．不明　4．仕入原価〕
イ〔1．値下　2．廃棄　3．不明　4．仕入原価〕
ウ〔1．営業利益　2．売上高　3．経常利益　4．仕入原価〕
エ〔1．値下　2．廃棄　3．不明　4．仕入原価〕
オ〔1．営業利益　2．売上高　3．経常利益　4．仕入原価〕

解答欄	ア	イ	ウ	エ	オ

第6問　次のア～オは，商品の効率について述べている。正しいものには1を，誤っているものには2を，答案用紙の所定欄に記入しなさい。

ア　商品ロス抑制のために在庫を少なくし過ぎると，売れ残りや破棄のリスクが高まる。

イ　年間売上高が12,000で，平均在庫高が2,000の場合の商品回転率は，6回である。

ウ　最も簡単な平均在庫高の算出式は，〔(期首在庫高＋期末在庫高)÷2〕である。

エ　営業利益率は，〔営業利益÷売上高〕で求められ，数値は小さいほど良好である。

オ　販売費及び一般管理費とは，仕入原価を含む全ての経費の総称である。

解答欄	ア	イ	ウ	エ	オ

第7問　次のア〜オは，消費税の計算について述べている。正しいものには1を，誤っているものには2を，答案用紙の所定欄に記入しなさい。

ア　消費税は，支払う人と納める人が同一となる間接税である。

イ　消費税率10％で，税抜き価格420円の商品の消費税額は42円である。

ウ　消費税率10％で，税抜き価格800円の商品の税込み価格は864円である。

エ　消費税率10％で，税込み価格572円の商品の消費税額は52円である。

オ　消費税率10％で，税込み価格990円の商品の税抜き価格は905円である。

解答欄	ア	イ	ウ	エ	オ

解答・解説	本試験形式問題

第1問

【4－4－3－1－2】

　販売員といえども，店舗の計数に無関心ではいられない。売上や利益についての責任は店長や部門管理者が負っているが，日々の実務において，1日のおおよその売上高など，大まかな店舗業績を把握しておく必要がある。

第2問

【1－2－2－1－1】

　利益の構造は，ビジネスパーソンの共通言語であるので，明確に把握しておきたい。イの営業利益は，売上総利益（粗利益高）から販売費及び一般管理費を控除して求めることになる。ウの経常利益は，営業利益に営業外損益を加味して求めることになる。

第3問

【2－2－2－1－2】

　売上高を増やすためには，売上高がどういう構成なのかをよく把握することが必要である。アは，〔売上高＝買上客数×客単価〕である。イは，買上客数ではなく客単価の公式になっている。ウの客単価は，イの公式で表されている。オは逆であり，買上点数を増やす方が取り組みやすく，買上客数を増やすことは容易ではない。

第4問

【1－1－2－2－1】

　ウは，40％なのは売上総利益率であり，値入率は42.9％である（45円÷105円）。エは，〔期首在庫高＋期中仕入高－期末在庫高〕で求めるので，1,000＋10,200－800＝10,400円となる。

第5問

【1－2－4－3－2】

　値下ロスの発生を抑制するには，計画的かつ慎重な需要予測が必要である。廃棄ロスは，需要予測に加え，商品の保管状況の改善や的確な販売促進策の実施が必要となる。不明ロスは，内部・外部要因それぞれにしっかり対応する必要がある。

第6問

【2－1－1－2－2】

　アは，在庫が多過ぎる場合の説明になっており，少な過ぎる場合は欠品による販売機会ロスの発生が懸念されることになる。エは，営業利益率の数値は，大きいほど良好である。計算式の構造をよく把握しておくこと。オは，販売費及び一般管理費は，仕入原価を除く店舗運営に必要な費用である。また，営業外損益や特別損益も含まない。

第7問

【2－1－2－1－2】

　アは，消費税は支払う人と納める人が異なるため，間接税である。ウは，税抜き価格800円に1.1を乗じた880円が税込価格になる。オは，税込み価格990円を1.1で割った900円が税抜き価格（＝本体価格）となる。

第4章

店舗管理の基本

➤客観式問題

1　金券類の扱いと金銭管理の基本知識

(解答☞p.303)

1－1　金券とは何か

(1)　金券とは，（　①　）ではないが，小切手，商品券，図書カード，ギフト券など，（　②　）用いられるものの総称である。

(2)　小売店では厳格なルールにもとづいて（　①　）を行うことが必要である。

1－2　代金支払の方法の種類

(1)　現金は，（　①　）が発行する紙幣や政府が発行する硬貨であり，一般的な代金支払方法である。

(2)　小売店が商品券で支払いを受けた場合は，（　①　）や団体に持参して現金に換金する。

(3)　小切手とは，ある銀行に預金口座（当座預金）を持つ顧客が，「この小切手を持参した者に，預金口座の残高から，この小切手に書いてある金額を減額し，持参した人にその金額と同額の現金を渡すこと」を（　①　）に依頼する金券である。

(4)　クレジットカードは，クレジット会社の（　①　）である顧客が利用する。

(5)　クレジットカードの仕組みは，クレジット会社から商品代金が（　①　）

に支払われ，クレジット会社は会員から回収するというものである。

(6) デビットカードは，一般的には銀行の（ ① ）カードが使われている。

(7) デビットカードの仕組みは，小売店が店頭で，銀行に確認したうえで（ ① ）の預金残高から代金を引き落とすというものである。

(8) デビットカード使用時に，預金残高が足りない場合は銀行から連絡が入り，（ ① ）は取引を拒否することができる。

(9) 小売店の店頭で多く利用される電子マネーは，プラスチックカードや携帯電話に（ ① ）を埋め込み，貨幣価値を事前に（ ② ）して繰り返し利用できる（ ③ ）型電子マネーが主流である。

(10) 他にも，コンピューターに専用ソフトをインストールして（ ① ）的な財布を設置した上で，金融機関経由で支払う（ ② ）型電子マネーもある。

(11) 電子マネーは，小銭を受け渡しする煩わしさのない（ ① ）な利便性が顧客に受け入れられている。

(12) 電子マネーは大きく，Suica（スイカ）やPASMO（パスモ）などの（ ① ）系と，Edy（エディ）やWAON（ワオン）などの（ ② ）系に分かれている。

1-3　金銭管理の留意点

(1) 近年は金券の（ ① ）が多くなっており，注意深く確認することが必要である。

(2) （ ① ）を受け取る際には，振出人（顧客）の署名と捺印，正しい金額かを確認する。

(3) 署名・捺印がないと無効，金額を（ ① ）したものも無効となる。

(4) 受け取った金券は速やかに（ ① ）に保管し，誰も持ち出せないというルールにすると良い。

(5) 売上高と入金額の（ ① ）不一致を改善するには，処理方法に誤りが発生しないように，手順や確認方法などを周知徹底しておくようにする。

(6)　それでも不一致が発生した場合には，改善策を検討して（　①　）等を改訂する。

(7)　金銭の盗難防止のために，外部犯行，（　①　）犯行ともに未然に防げるようなマニュアル等を整備する。

(8)　従業員管理が不十分な場合，勝手にサービスしたりすることで無意識に「（　①　）」という犯罪に該当してしまうことがある。

■2　万引防止対策の基本知識　（解答☞p.303）

2-1　万引＝ロス率の増加＝利益率の低下

(1)　小売店内における商品ロスは，（　①　）による販売機会ロス，（　②　）による廃棄ロス，万引によるロスに分けられる。

(2)　万引によるロスは，手口が（　①　）化しており，（　②　）業は早急な対策を講じることが求められている。

(3)　商品のロス率が高くなると，小売業の（　①　）が低下する。

(4)　ロス率は，業種や店舗特性によってさまざまであるが，高い店では（　①　）％といわれている。

(5)　少数のパートタイマーで運営する（　①　）などは，被害額が大きい。

(6)　他方，販売機会ロスや廃棄ロスを改善するには，（　①　）率を減少させる，（　②　）を確保する，（　③　）を品ぞろえするなどの対策が有効である。

2-2　万引の防止対策

(1)　万引防止対策として，「いらっしゃいませ」などという（　①　）は，接客の基本であると同時に万引防止策の効果的な手段である。

(2)　商品棚が乱れている，プライスカードと（　①　）が一致していない，などというような状況は，管理不足と見られて万引を誘引しかねない。

(3) 意味なく（　①　）をうろつく，きょろきょろしすぎ，不自然に大きな
　　バッグをもっている，という顧客には，さりげなく近寄って，声をかけるこ
　　とも必要である。

(4) 万引防止のための売場の作りには，（　①　）のないレイアウト，低めの
　　ゴンドラ設置などの対策がある。

2-3　万引防止のセキュリティシステム

(1) カメラでの売場監視については，すべて本物でなく，（　①　）を交える
　　ことでも心理的に抑止できる。

(2) ICタグとは，最近注目されている次世代バーコードの（　①　）札である。

(3) ICタグのサイズは従来のタグと比較してかなり（　①　）く，書籍等に
　　も付けられることから，（　②　）を低減することができると期待されてい
　　る。

▌*3*　衛生管理の基本知識　　　　(解答☞p.303)

3-1　衛生管理の原則

(1) 衛生管理の基本は（　①　）である。石鹸等を使って清潔さを維持する。

(2) 従業員は，自分に（　①　）の疑いがあるときは，その旨を上司に申し出
　　る必要がある。

(3) 惣菜等を製造・加工する者は，長髪はまとめ，（　①　）は短く，指輪や
　　時計は外すようにする。

(4) 作業中は，髪や顔に触る，（　①　）を吸う，たんやつばをはく，マスク
　　なしでくしゃみする，不用意なおしゃべり，などはしないようにする。

3-2　食中毒防止の3原則と商品管理

(1) 食中毒防止の3原則は，細菌をつけない，細菌を増やさない，細菌を

（　①　），である。

(2)　細菌を増やさないためには，冷凍，冷蔵の温度管理の徹底，（　①　）の厳守等が必要である。

(3)　先入れ先出しの徹底では，（　①　）保管・陳列した商品から先に出て行くように工夫する。

(4)　冷凍，冷蔵ショーケースの整理・整頓・清掃および（　①　）を心がける。

3-3　HACCP（ハセップ）による衛生管理

(1)　HACCPは，アメリカのNASAによる（　①　）の衛生管理ノウハウをベースにしている。

(2)　まず，原材料の生産から消費されるまでの全過程において，食品の安全を損なう微生物，化学物質，異物を明らかにし，それらを（　①　）方法を決定する。

(3)　続いて，明らかにした微生物等について，最も効率良く管理することができる（　①　）（CCP）を決定する。

(4)　そして，重要管理点ごとに守るべき（　①　）（温度，pH，加熱時間など）を決める。

(5)　次に，基準から外れていないかの（　①　），外れたときの対策を決める。

(6)　さらに，工程上の作業は，（　①　）書として文書化し，誰が作業しても間違わないようにする。

(7)　モニタリングの結果等を記録・保管しておき，安全に製造した（　①　）とする。

3-4　JAS法などの基準

(1)　（　①　）法は，従来の（　②　）法，食品衛生法，健康増進法の3つの法律で規定される，食品の表示義務を一元化した法律である。

(2)　食品表示基準は，（　①　）によって策定される。

(3)　生鮮食品品質表示基準によれば，農産物では，国産品の場合は（　①　），

輸入品の場合は（ ② ）名を表示する。

(4) 同様に（ ① ）では，国産品は国産であることを表示し，輸入品は原産国名を表示する。

(5) 水産物は，国産品は（ ① ）または地域名，輸入品は原産国名を表示し，冷凍品を解凍したものには「（ ② ）」と，養殖の場合は「（ ③ ）」と表示する。

(6) （ ① ）品質表示基準では，名称，保存方法，消費（賞味）期限，添加物，栄養成分の量と熱量，製造（加工）所の所在地，アレルゲンなどが表示義務になっている。

(7) 特に（ ① ）による健康被害を防止するため，特定原材料を使用した旨の表示が法定義務化されている。

(8) 有機農産物については，第三者機関の（ ① ）が必要であり，JAS規格に合格しないと表示できない。

(9) （ ① ）組換え食品については，組換え農産物と，それを使用している食品には表示が必要である。

(10) トレーサビリティとは，「（ ① ）の開示」を意味する。

解答 重要キーワード補充問題

1 金券類の扱いと金銭管理の基本知識

1-1 金券とは何か

(1)①現金 ②現金に準じて (2)①金券管理

1-2 代金支払の方法の種類

(1)①中央銀行（日本銀行） (2)①発行会社 (3)①銀行 (4)①会員

(5)①小売店 (6)①キャッシュ（カード） (7)①顧客 (8)①小売店

(9)①ICチップ ②チャージ ③ICカード

(10)①電子 ②ネットワーク (11)①キャッシュレス (12)①交通 ②商業

1-3 金銭管理の留意点

(1)①偽造 (2)①小切手 (3)①訂正 (4)①レジスター (5)①残高

(6)①マニュアル (7)①内部 (8)①窃盗

2 万引防止対策の基本知識

2-1 万引＝ロス率の増加＝利益率の低下

(1)①欠品 ②売れ残り (2)①悪質 ②小売 (3)①利益率

(4)①2～3（％） (5)①ドラッグストア

(6)①売場欠品 ②適正在庫 ③売れ筋商品

2-2 万引の防止対策

(1)①声かけ (2)①商品 (3)①店内 (4)①死角

2-3 万引防止のセキュリティシステム

(1)①ダミー (2)①商品 (3)①小さ（く） ②ロス率

3 衛生管理の基本知識

3-1 衛生管理の原則

(1)①手洗い (2)①病気 (3)①爪 (4)①タバコ

3-2　食中毒防止の3原則と商品管理
(1)①殺す　　(2)①保存期限　　(3)①先に　　(4)①温度管理

3-3　HACCP（ハセップ）による衛生管理
(1)①宇宙食　　(2)①取り除く　　(3)①重要管理点　　(4)①基準

(5)①モニタリング（監視）　　(6)①標準作業手順　　(7)①証拠

3-4　JAS法などの基準
(1)①食品表示（法）　　②JAS（法）　　(2)①内閣総理大臣

(3)①都道府県名　　②原産国（名）　　(4)①畜産物

(5)①水域名　　②解凍　　③養殖　　(6)①加工食品　　(7)①アレルギー

(8)①認証　　(9)①遺伝子　　(10)①生産履歴

第4章

店舗管理の基本

本試験形式問題◀

第1問 次の文章は，代金支払方法について述べている。文中の〔　〕の部分に，下記に示すア～オのそれぞれの語群から最も適当なものを選んで，解答欄にその番号を記入しなさい。

・〔　ア　〕は，顧客の銀行預金残高から代金を引き落として小売店に支払う形式である。

・〔　イ　〕は，銀行に支払を依頼する金券の一種である。

・〔　ウ　〕は，カード発行会社が小売店に商品代金を支払う形式である。

・〔　エ　〕は，換金性を有する証券である。

・〔　オ　〕は，企業や団体が任意に発行するものである。

【語　群】

ア〔1．デビットカード　2．クレジットカード　3．電子マネー
　　4．小切手〕

イ〔1．デビットカード　2．クレジットカード　3．振込用紙
　　4．小切手〕

ウ〔1．デビットカード　2．クレジットカード　3．電子マネー
　　4．プリペイドカード〕

エ〔1．デビットカード　2．クレジットカード　3．金券
　　4．不動産登記簿〕

オ〔1．デビットカード　2．クレジットカード　3．金券　4．商品券〕

解答欄	ア	イ	ウ	エ	オ

第2問　次のア〜オは，金銭管理の留意点について述べている。正しいものには1を，誤っているものには2を，解答欄に記入しなさい。

ア　小切手の金額記載について，正しい方法で訂正されていれば無効にはならない。

イ　小切手は，その小切手を発行した銀行以外での現金化はできない。

ウ　デビットカードによる決済の場合，現金化までには，銀行の休日を除く3営業日ほどの時間がかかる。

エ　金銭の盗難防止マニュアルは，外部犯行を防ぐことを主眼とし，内部犯行は考えてはいけない。

オ　販売員が勝手にサービスすると，窃盗罪となる場合がある。

解答欄	ア	イ	ウ	エ	オ

第3問　次の文章は，万引の防止対策について述べている。文中の〔　　〕の部分に，下記に示すア〜オのそれぞれの語群から最も適当なものを

選んで，答案用紙の所定欄にその番号を記入しなさい。

　万引を防止する基本対策の第一は，〔　ア　〕である。接客の第一歩でもあり，万引防止にも効果的である。第二は，売場の〔　イ　〕である。商品棚に欠品が多かったり，商品の〔　ウ　〕が乱れていたりすると管理が行き届いてないと感じ，万引を誘発しかねない。そして売場の作り方としては，〔　エ　〕を作らないことや，〔　オ　〕のゴンドラ設置などがあげられる。

【語　群】

ア〔1．顧客観察　2．防犯カメラ　3．声かけ　4．フェイス〕

イ〔1．レイアウト　2．温度管理　3．きれいさ　4．高低差〕

ウ〔1．利益管理　2．身だしなみ　3．フェイス　4．在庫置き場〕

エ〔1．死角　2．広すぎる通路　3．見通しの良さ　4．立体感〕

オ〔1．低め　2．高め　3．レジ付近　4．自走式〕

解答欄	ア	イ	ウ	エ	オ

第4問　次のア～オは，万引防止対策の基本知識について述べている。正しいものには1を，誤っているものには2を，答案用紙の所定欄に記入しなさい。

ア　万引によるロス率は，高い小売店で2～3％といわれている。

イ　周りをきょろきょろ見回す客は，商品を探しているので万引を疑う必要はない。

ウ　万引されやすい商品は，レジの周辺にディスプレイすることも防止策になる。

エ　防犯用の監視カメラは，業種・業態を問わず比較的広範囲に導入されている。

オ　RFID技術を応用したICタグは，形状が大きいのであまり普及していない。

解答欄	ア	イ	ウ	エ	オ

第5問　次のア〜オは，衛生管理の基本知識について述べている。正しいものには1を，誤っているものには2を，解答欄に記入しなさい。

ア　衛生管理の基本はうがいであり，うがい薬を使ってこまめにうがいする。

イ　自分に病気の疑いがあるときは，しっかり薬を飲んで仕事を行う。

ウ　食中毒防止の3原則は，細菌をつけない，増やさない，殺す，である。

エ　先入れ先出しとは，先に入荷したものから先に販売するようにすることである。

オ　冷凍，冷蔵ショーケースの清掃と温度管理のチェックが商品管理では重要である。

解答欄	ア	イ	ウ	エ	オ

第6問 次の文章は，衛生管理や食品表示の基準等について述べている。文中の〔　〕の部分に，下記に示すア～オのそれぞれの語群から最も適当なものを選んで，解答欄にその番号を記入しなさい。

・　NASAの衛生管理システムであるHACCPでは，食品の安全を損なう微生物等を特定し，それを管理する〔　ア　〕（CCP）を決定することがポイントの１つである。

・　〔　イ　〕法は，従来のJAS法などで規定されていた，食品の表示義務を一元化した法律である。

・　有機農産物は，有機食品の〔　ウ　〕に合格しないと有機農産物の表示はできない。

・　全ての〔　エ　〕には，消費期限か賞味期限かが記載されている。

・　〔　オ　〕は，製品履歴の開示を意味する。

【語　群】

ア〔1．検査責任者　2．重要管理点　3．管理レベル　4．品質管理者〕

イ〔1．食品衛生法　2．食品表示　3．健康増進法　4．景品表示法〕

ウ〔1．JAS規格　2．有機検査　3．原産国検査　4．安全規格検査〕

エ〔1．加工食品　2．農産物　3．魚介類　4．肉類〕

オ〔1．オープニング表示　2．ハセップ　3．トレーサビリティ
　　4．バックストリーム〕

解答欄	ア	イ	ウ	エ	オ

第7問 次の文章は，食品のトレーサビリティについて述べている。文中の〔　〕の部分に，下記に示すア～オのそれぞれの語群から最も適当なものを選んで，答案用紙の所定欄にその番号を記入しなさい。

　トレーサビリティとは，〔　ア　〕の開示を意味している。つまり，「食品が，いつ，〔　イ　〕，どこで，どうやって製造され，どういう流通過程にのせられて，売場に並んだのか」を広く消費者に開示するものである。この考え方は，製造から消費まで全ての〔　ウ　〕で求められており，〔　エ　〕事故が発生した際には迅速な対応に役立つことになる。牛肉業界では，生産と物流履歴の開示が〔　オ　〕制度として義務付けられている。

【語　群】

ア〔1．原産地　2．生産履歴　3．流通経路　4．遺伝子情報〕

イ〔1．どれだけ　2．どのように　3．誰に　4．いくらで〕

ウ〔1．検品作業　2．流通段階　3．梱包作業　4．積算段階〕

エ〔1．交通　2．情報漏洩　3．食品　4．盗難〕

オ〔1．リスケジューリング　2．補助金　3．FTA
　　4．牛トレーサビリティ〕

解答欄	ア	イ	ウ	エ	オ

解答・解説　本試験形式問題

第1問

【1－4－2－3－4】

　難易度は低いが，金券の定義を明確に認識しておきたい。また，デビットカード，クレジットカード，電子マネーの仕組みについては，あまり複雑ではないため，理解しておくこと。

第2問

【2－2－2－2－1】

　アは，小切手は金額訂正があるものは全て無効である。イは，発行元として記載されている銀行以外でも支払請求が可能である。小切手に触れる機会は少ないと思われるが，知っておく必要性は高い。ウは，キャッシュカードを提示した後，ただちに引き落とされる。エの金銭の盗難防止マニュアルは，内部犯行を防ぐための工夫も加えておくべきである。

第3問

【3－3－3－1－1】

　防止策としての第一は声掛け，第二はきれいな売り場，そして売場の作り方となる。特に，万引してもバレないだろうと思わせるようないい加減な管理は，万引犯という犯罪者を作り出してしまうので，注意しておきたい。

第4問

【1－2－1－1－2】

　イは，周りをきょろきょろ見回す客には注意を払うべきである。近くに立ち，場合によっては「何をお探しですか？」と声をかけることも必要である。オは，形状が非常に小さいので，今後の普及が期待されている。ただし，現状では高額でもあり，普及度合いは今一つである。

第5問

【2-2-1-1-1】

　アは，衛生管理の基本は手洗いであり，石鹸等を使ってこまめに手洗いして清潔に維持することを心がける。イは，自分に病気の疑いがあるときは，その旨を上司に申し出る必要があり，自分で判断しないことが大切である。

第6問

【2-2-1-1-3】

　HACCPによる衛生管理方法の概略，および食品表示法については，食の安全が叫ばれる昨今においては何らかの形で出題が予想されるため，よく理解しておきたい。トレーサビリティについても，今日的なテーマである。

第7問

【2-3-2-3-4】

　トレーサビリティに関しては，製造業においても同様な考え方があり，生産履歴を追跡可能な状態にしておくことを目的としている。特に，牛肉業界では，原産地偽装表示問題やBSE問題などがあったため，いち早く導入・運用されている。

〔参 考 文 献〕

清水敏行・中谷義浩・土居寛二共著『販売士3級』税務経理協会，2020年。
日本商工会議所・全国商工会連合会『販売士ハンドブック（基礎編）・販売士
　　検定試験3級対応』カリアック，2019年。

【著者紹介】

清水　敏行（しみず　としゆき）

1953年東京都生まれ。明治学院大学社会学部卒業。専門商社でブランドマネジャーを担当。
その後，経営コンサルタント会社・教育機関で，経営支援や人材教育に携わる。専門分野
はマーケティング，HRM。中小企業診断士，販売士養成登録講師，NPO法人日本人材
教育協会常務理事。日本経営診断学会正会員，日本販売促進学会正会員，日本キャリアデ
ザイン学会正会員，地域活性学会正会員。
主な著書：「販売管理のすべてが身につく本」（山下出版），「グローバルマーケティング」
（税務経理協会），「能力開発」（三修社），「企業経営理論」（三修社）など。

佐藤　浩史（さとう　ひろし）

1970年愛知県生まれ。東洋大学経済学部卒業。大手婦人服専門店でブランドマネジャー，
中期経営計画室室長を務める。その後，経営コンサルタントとして独立。専門学校，短期
大学で資格取得支援に携わる。2014年イデアルコンサルタント行政書士事務所設立。専門
分野は，マーケティング，創業支援，事業計画策定支援，経営改善支援。行政書士，1級
販売士（養成登録講師），知的資産経営認定士，経営革新等支援機関。

中谷　義浩（なかたに　よしひろ）

1960年富山県生まれ。慶應義塾大学経済学部卒業。スーパーマーケットチェーン食品部で
バイヤー職を担当。その後，学校法人，コンサルティング会社で，人材育成に携わる。現
在独立し，中谷総合研究所株式会社の所長を務める。専門分野は，マーチャンダイジング，
リテールマーケティング。中小企業診断士，販売士1級，販売士協会養成登録講師，ビジ
ネスクリエーター研究学会会員。
主な著書：「創造的破壊」（学文社，共著）など。

土居　寛二（どい　かんじ）

1965年高知市生まれ。1987年神奈川大学経済学部卒業，2005年経済学修士（神奈川大学大
学院）。インテリア商材の最大手メーカーの販売会社で営業職を12年担当。2000年に独立
し，現在MDC株式会社代表取締役。専門は，企業再生支援，財務改善支援。中小企業診
断士。
主な著書：「担保に頼らず1億円集める資金調達」，「手形・小切手の取引実務」（ともにか
んき出版），他共著など。

著者との契約により検印省略

平成19年6月1日　初　版　発　行	日本商工会議所 全国商工会連合会 検定 **販売士3級** **問題集〔第4版〕**
平成24年12月15日　第　2　版　発　行	
平成28年11月1日　第　3　版　発　行	
令和2年2月1日　第4版第1刷発行	

　　　　　　　　　　　　　　　清　水　敏　行
　　　　　著　　者　　　　　佐　藤　浩　史
　　　　　　　　　　　　　　　中　谷　義　浩
　　　　　　　　　　　　　　　土　居　寛　二
　　　　　発　行　者　　　　大　坪　克　行
　　　　　印　刷　所　　　　税経印刷株式会社
　　　　　製　本　所　　　　牧製本印刷株式会社

発　行　所　〒161-0033 東京都新宿区　　株式　税務経理協会
　　　　　　　下落合2丁目5番13号　　　会社

　　　　　振　替　00190-2-187408　　　電話　(03)3953-3301（編集部）
　　　　　FAX　(03)3565-3391　　　　　　　　(03)3953-3325（営業部）
　　　　　　　　URL　http://www.zeikei.co.jp/
　　　　　　　乱丁・落丁の場合は，お取替えいたします。

© 　清水敏行・佐藤浩史・中谷義浩・土居寛二　2020　　Printed in Japan

ISBN978-4-419-06701-4　C3034